VALORES E DISCIPLINAS ESPIRITUAIS

PASSO DIOS

SÉRIE FUNDAÇÃO DO DISCIPULADO

DR. HENDRIK J. VORSTER

Série Fundação do Discipulado
Passo Dios
Valores e Disciplinas Esprituals
Por Bispo Dr. Hendrik J. Vorster

Um guia prático para ser um bom discípulo do Senhor Jesus Cristo

Além deste Manual, você também vai precisar dos seguintes itens para completar seu estudo:
Uma Bíblia NVI.
Uma caneta ou lápis para anotar as respostas.
Lápis coloridos (vermelho, azul, verde e amarelo)

Para mais cópias e informação, visite nosso site e nos escreva:
www.churchplantingdoctor.com
resources@churchplantingdoctor.com
Escritura retirada da BÍBLIA SAGRADA (com referência para as Editoras).

Copyright © 2021 por Dr. Hendrik J. Vorster
Todos os direitos reservados.
Nenhuma parte desta publicação pode ser reproduzida, armazenada em sistema de recuperação de dados, ou transmitida em qualquer forma e através de quaisquer meios, eletrônico, mecânico, cópia física, gravação ou de outra maneira, sem a permissão do autor, exceto para o uso de citações breves em uma resenha de livro.

ISBN 978-1-957626-14-7

CONTEÚDO

Agradecimentos   ix
Fundamentos Do Discipulado   xi

PRIMEIRA SEMANA   1

1. Introdução   3
Teste de Assimilação   23
SEGUNDA SEMANA   25

PARTE I
DISCIPLINAS ESPIRITUAIS:ORAÇÃO
1. Oração   29

PARTE II
Valores do Reino de Deus   41

2. Humildade   43
3. Pesar   45
4. Mansidão   47
5. Paixão Espiritual   49
6. Misericórdia   51
7. Pureza   53
8. Pacificadores   55

PARTE III
Teste de Assimilação   57

TERCEIRA SEMANA

PARTE I
DISCIPLINA ESPIRITUAL :LER,MEDITARE PRATICAR A PALAVRA DE DEUS
1. Ler, Meditar E Praticar A Palavra De Deus   65

PARTE II
VALORES DO REINO DE DEUS

2. Perseverança Paciente Sob O Sofrimento	73
3. Exemplo	75
4. Guardião	77
5. Reconciliação	79
6. Resolução	81
7. Amor	83
8. Discrição	85

PARTE III
Teste de Assimilação 87

QUARTA SEMANA

PARTE I
DISCIPLINA ESPIRITUAL: JEJUM

1. Jejum 93

PARTE II
VALORES DO REINO DE DEUS

2. Perdão	105
3. O Investidor Do Reino De Deus	107
4. Mente Voltada Para Deus	109
5. Priorizar O Reino De Deus	112
6. Introspecção	114
7. Persistência	116
8. Consideração	118

PARTE IV
Teste de Assimilação 121

QUINTA SEMANA

PARTE I
DISCIPLINA ESPIRITUAL:MORDOMIA

1. Mordomia 129

PARTE II
VALORES DO REINO DE DEUS

2. Ser Conservador	143
3. Gerar Frutos	145
4. Praticantes	147
5. Prestação De Contas	149
6. Viver Pela Fé	151
7. Como Crianças	153
8. Unidade	155

PARTE III
Teste de Assimilação	157

SEXTA SEMANA

PARTE I
DISCIPLINA ESPIRITUAL:ADORAÇÃO

1. Adoração	163

PARTE II
VALORES DO REINO DE DEUS

2. Serviço	177
3. Lealdade	179
4. Gratidão	181
5. Mordomia	183
6. Obediência	186
7. Cuidado	188
8. Compaixão	190

PARTE III
Teste de Assimilação	193

SETIMA SEMANA

PARTE I
DISCIPLINA ESPIRITUAL:SIMPLICIDADE

1. Disciplina Espiritual- Simplicidade	199

PARTE II
VALORES DO REINO DE DEUS

2. Ser Atencioso	207
3. Confiança	209
4. Firmeza	211
5. Contentamento	213
6. Disposição Para Aprender	215
7. Deferência	218
8. Diligência	221

PARTE III
Teste de Assimilação   225

OITAVA SEMANA

PARTE I
Disciplina Espiritual: Serviço   231

1. Serviço   233

PARTE II
Valores do Reino de Deus   239

2. Confiabilidade	241
3. Amabilidade	243
4. Discernimento	245
5. Veracidade	248
6. Generosidade	250
7. Bondade	252

PARTE III
Teste de Assimilação   255

NONA SEMANA

PARTE I
DISCIPLINA ESPIRITUAL: TESTEMUNHO

1. Testemunho   263

PARTE II
VALORES DO REINO DE DEUS

2. Vigilância	289
3. Perseverança	291

4. Honra 293
5. Submissão 296

PARTE III
TESTE DE ASSIMILAÇÃO
Considerações Finais 301
Outros Livros De Autoria Do Dr. Hendrik J Vorster 307
Notas 323

Notes 325

AGRADECIMENTOS

Agradeço ao Senhor por uma equipa incrível de pessoal dedicado, sem o qual nada deste material seria possível. Quero agradecer especialmente à minha família e particularmente à minha esposa Ursula, pelo seu apoio inabalável e por me permitirem cumprir o apelo de Deus.

Obrigado a Gerhard e Lise Van Niekerk que dirige o nosso escritório sul-africano e gere o processo de ver que todo o material escrito é editado e formatado para publicação. Juntamente com as incansáveis horas de Florinda Daniel a formatar toda a tradução, eles supervisionam a impressão e distribuição de materiais para utilização em todo o mundo.

Quero agradecer a todos os nossos parceiros que acreditaram em mim o suficiente para apoiar e subscrever as numerosas traduções, a impressão dos recursos, a filmagem de todo o material, locução, pós-produção e distribuição. Obrigado.

Quero também expressar o meu mais profundo e querido apreço a todos os líderes que me permitiram testar o material no terreno e caminhar ao seu lado para ver as suas igrejas e movimentos crescer e expandir-se para o que são hoje. O privilégio tem sido meu.

Quero agradecer ao Senhor por me ter confiado este Chamado para equipar a Sua Igreja.

Dr Hendrik Vorster

FUNDAMENTOS DO DISCIPULADO
PASSO DOIS - VALORES E DISCIPLINAS ESPRITUALS

Mateus 5:1-2 (NVI) *"...Seus discípulos aproximaram-se Dele, e Ele começou a ensiná-Los."*

PRIMEIRA SEMANA

Introdução

1
INTRODUÇÃO

Quando nos detemos nos ensinamentos de Jesus, vemos que Ele começou ensinando a Seus discípulos os valores do Reino. Todos nós vivemos em uma certa cultura. Uma cultura é determinada pelo compartilhamento de determinados valores.

"Uma cultura é determinada pelo compartilhamento de determinados valores."

Jesus ensinou valores a Seus discípulos

Todos concordamos que o impacto que Jesus teve sobre seus discípulos, pela maneira como os discipulou, foi simplesmente incrível. Analisar os elementos essenciais de Seus ensinamentos a Seus discípulos seria uma atitude sábia de nossa parte. As duas primeiras coisas que Jesus ensinou, e continuou a ensinar a Seus discípulos, foram os valores do Reino de Deus, bem como as disciplinas Espirituais que os acompanhavam, que mantinham esses valores bem enraizados e preservados em suas vidas.

Quando olhamos para o evangelho de Mateus, vemos como Jesus reunia Seus discípulos para ensiná-los:

Mateus 5:1-2 (NVI) *"[1] Vendo as multidões, Jesus subiu ao monte e Se assentou. Seus discípulos aproximaram-se Dele, [2] e Ele começou a ensiná-Los, dizendo:"*

Jesus sentou-Se com Seus discípulos e **os ensinou sobre os valores do Reino de Deus**, em primeiro lugar com o Sermão da Montanha, mas depois, ao longo de Seu período de discipulado de três anos e meio.

A **primeira fase do discipulado** lida com o "novo nascimento" e a **segunda fase do discipulado** lida com a necessidade de nos **enraizarmos espiritualmente** em nossa fé, assim como de nos estabelecermos e **nos fundamentarmos nos valores do Reino de Deus**.

> Cada reino tem sua própria cultura construída sobre valores amplamente compartilhados.

Jesus veio para estabelecer o Reino de Deus. *Cada reino tem sua própria cultura construída sobre valores amplamente compartilhados.* Quando nos tornamos filhos de Deus, fazemos a transição do reino deste mundo para o Reino de nosso Senhor e Salvador, Jesus Cristo. O Reino de Deus tem seus próprios valores. A primeira coisa que precisamos aprender, uma vez que tenhamos estabelecido uma base sólida para que nossa Fé cresça em Jesus Cristo, são os valores do Reino de Deus, e como afirmá-los em nossas vidas.

Há alguns anos, nos mudamos da África do Sul para a Austrália. Foi um processo e tanto, um processo que eu não recomendo aos mais fracos, a menos que estejam seguindo um chamado de Deus para fazê-lo. Uma vez que nossas qualificações, controles de saúde e autorizações da polícia foram avaliados e aceitos, obtivemos vistos de residência na Austrália. Entretanto, quando quisemos nos tornar cidadãos, fomos obrigados a aprender, adotar e aceitar os valores culturais do povo australiano antes de podermos nos tornar cidadãos.

O Reino de Deus opera com base no mesmo princípio de termos de aceitar os valores e práticas antes que as bênçãos do Reino possam ser desfrutadas. Jesus iniciou o processo de fazer discípulos, ensinando-lhes os valores do Reino de Deus, bem como as disciplinas espirituais que manteriam esses valores intactos.

As culturas mudam por meio dos <u>valores corporativos</u> que sustentam.

Todd Wilson, em seu livro "Sonhe Alto" *(Dream Big)* explora a mudança de uma cultura e afirma que existem principalmente três ingredientes para que uma mudança cultural seja bem-sucedida: Valores, Narrativas e Comportamento.[1] Ele os define como:

"Valores. Nossos <u>valores</u> essenciais refletem o que realmente nos interessa em nosso íntimo. São tão importantes para nós que moldam nossos pensamentos e nossas ações. Nossos valores transbordam e moldam as <u>palavras</u> de nossa boca (nossa narrativa) e as <u>ações</u> de nossas mãos (nossos comportamentos)."

"Nossas narrativas são moldadas pela linguagem que usamos, as histórias que contamos e a frequência com que falamos e celebramos aquilo que damos mais importância. Nossas narrativas inspiram outros a abraçar nossos valores e a se engajar em uma missão comum conosco."

"Nossos comportamentos são o que <u>realmente fazemos</u>, incluindo como e onde investimos nosso tempo, talentos e recursos financeiros confiados aos nossos cuidados."[2]

Dr. Ralph Neighbour, ou tio Ralph com carinhosamente o chamo, enfatizou esta área como uma das mais importantes a serem desenvolvidas ao fazermos um discípulo. Ele afirma, em seu livro *Treinamento Básico para a Vida (Life Basic Training)*, que "**as suas crenças moldam os seus valores, que influenciam diretamente as suas ações.**"[3]

"As suas _crenças_ moldam os seus valores, que influenciam diretamente as suas ações."
Dr. Ralph W. Neighbour Jr.

João Batista exigia uma demonstração de mudança de valores antes do batismo.

Para João Batista era mais importante batizar pessoas que realmente haviam tido uma mudança de coração do que batizar aqueles que simplesmente queriam dar a impressão, exteriormente e diante das multidões, de terem mudado.

Em uma ocasião, ele se dirigiu firmemente às multidões que vinham para ser batizadas, questionando a razão desse desejo. Adoro a maneira como a Bíblia Amplificada transmite esta poderosa mensagem. Sua mensagem era clara: *"Produzam frutos consistentes com as árvores que vocês se tornaram como resultado de suas conversões."*

> **Lucas 3:8, (AMP, tradução livre)** *"Produzi, pois, frutos consistentes com o [vosso] arrependimento [isto é, conduta digna de um coração mudado, de um coração que abomina o pecado]. E não comeceis a dizer entre vós mesmos: Temos Abraão por pai; porque eu vos afirmo que destas pedras Deus pode suscitar descendentes a Abraão".*

Jesus exigia uma mudança de coração que se expressasse por meio de uma mudança de vida.

Para Jesus era a assimilação dos valores do Reino de Deus, que mostrava ao mundo que a verdadeira conversão havia ocorrido. Ele tanto confirmava a mensagem de John como continuamente tocava no âmago do treinamento de discipulado, falando sobre árvores boas e más e sobre a *coerência necessária entre a árvore e seus frutos.*

> **Mateus 7:17-18,20, ARC** "[17] Assim, toda a árvore boa produz bons frutos, e toda a árvore má produz frutos maus. [18] Não

pode a árvore boa dar maus frutos, nem a árvore má dar frutos bons. [20] Portanto, pelos seus frutos os conhecereis."

"As raízes espirituais que desenvolvermos determinarão os frutos que produziremos, que serão consistentes com as árvores que somos."

A assimilação dos valores do Reino, consistente com a conversão que ocorreu dentro de nós, terá um efeito externo sobre os "frutos" que produzimos. Ao permitirmos que o amor de Deus brilhe em nossos corações, Seu amor será experimentado por outros (o mundo) mostrando que somos Seus discípulos.

João 13:35, NVI "Com isso todos saberão que vocês são meus discípulos, se vocês se amarem uns aos outros".

Jesus nos chama para ensinar aos nossos discípulos aquilo que Ele ensinou aos Seus.

Encontrar discípulos é uma coisa, mas **ensiná-los a observar** é outra. Jesus nos chamou para ensinarmos aos nossos discípulos as mesmas coisas que Ele ensinou aos Seus.

Você já se perguntou por onde começar?

Sempre me perguntei por onde começar, depois que as pessoas entregaram suas vidas a Cristo. No entanto, ao olhar para a forma como Jesus fez, lembrei-me de que Ele iniciou sua jornada de discipulado com as pessoas que deixaram tudo para segui-Lo; vi que Jesus começou ensinando a Seus discípulos os valores do Reino de Deus e, simultaneamente, as disciplinas espirituais.

Desenvolver as disciplinas espirituais é como criar raízes espirituais. O resultado será que ao aprender e exercitar os valores do Reino de Deus, você dará frutos que permitirão a todos conhecer a videira na qual você está enxertado.

Os valores são construídos em nossas vidas <u>propositadamente.</u>

Valores são aquelas virtudes, que foram acrescentadas em nossas vidas intencionalmente. Adotando e vivendo valores divinos, construímos nosso caráter. Nosso caráter nos define. Somos caracterizados por aqueles valores que adotamos e permitimos que se enraizassem em nós. Deus deseja que sejamos intencionais, tanto na contemplação como na prática de tais valores.

> **Tiago 1: 25, NIV** *"Mas o homem que observa atentamente a lei perfeita, que traz a liberdade, e persevera na prática dessa lei, não esquecendo o que ouviu, mas praticando-o, será feliz naquilo que fizer."*

> *"Nossas buscas intencionais tornam-se atributos de vida, qualidades, traços e características. Somos caracterizados por aqueles valores que adotamos e permitimos que se enraízassem em nós."*

Em primeiro lugar, adotamos os valores em nossas <u>mentes</u>, antes que eles se tornem parte de nossos corações e, por fim, de nossas ações.

Uma escritora famosa sugere em um de seus livros que nossos corpos seguem nossas mentes. Nos tornaremos aquilo em que pensamos e a que devotamos nossa atenção. Provérbios 23:7 diz: *"Como ele [o homem] imaginou em seu coração, assim é ele."* (BKJ)

> **Filipenses 4:8, ARA** *"Finalmente, irmãos, tudo o que é verdadeiro, tudo o que é respeitável, tudo o que é justo, tudo o que é puro, tudo o que é amável, tudo o que é de boa fama, se alguma virtude há e se algum louvor existe, seja isso o que ocupe o vosso pensamento."*

> **Salmos 119: 56, NVI** *"Esta tem sido a minha prática: Obedecer aos Teus preceitos."*

Valores se tornam parte de nossas vidas por meio da <u>prática</u>.

O apóstolo Paulo ensinou seu filho espiritual, Timóteo, a ter uma vida disciplinada e a buscar a piedade.

> 1 Timóteo 4:7, NIV *"Rejeite, porém, as fábulas profanas e tolas e exercite-se na piedade."*

> *"Os valores são os frutos que produzimos a partir das decisões que tomamos, na nossa busca de seguir o exemplo de Cristo."*

> **Estabelecemos <u>raízes</u> espirituais quando desenvolvemos as disciplinas espirituais e os valores do Reino.**

> *"Construir valores e desenvolver simultaneamente disciplinas espirituais, estabelecerá <u>raízes</u> a partir das quais nossa fé crescerá e amadurecerá."*

Ter raízes fortes é essencial para o desenvolvimento de uma vida espiritual estável e saudável. Vamos agora fazer uma viagem na compreensão das disciplinas espirituais e dos valores do Reino de Deus.

Em cada lição semanal haverá uma disciplina espiritual para aprender, assim como alguns valores do Reino. Vamos reservar alguns momentos e analisar cada uma destas duas partes principais individualmente.

Parte Uma - Disciplinas Espirituais

> *"Disciplinas espirituais são hábitos, práticas e experiências concebidas para desenvolver, fazer crescer e fortalecer nosso homem interior."*
> Dr. Hendrik J. Vorster

As disciplinas espirituais garantirão que conservemos e mantenhamos os valores que assimilamos em nossas vidas. Disciplinas espirituais são hábitos, práticas e experiências concebidas para desenvolver, fazer crescer e fortalecer nosso homem interior. As disciplinas espirituais constroem a aptidão de nosso caráter e mantêm intactos os valores que aspiramos a assimilar em nossas vidas. Formam a estrutura dentro da qual treinamos nossa alma para obedecer. Desenvolver disciplinas espirituais é como criar raízes nos lugares de onde se deseja obter o sustento. As disciplinas que desenvolvermos se tornarão caminhos através dos quais Deus trará alimento diário e consistente para nossa edificação e fortalecimento.

Os valores nascem e se desenvolvem em nossas vidas por terem suas raízes em um estilo de vida orientado por disciplinas espirituais.

Jesus enfatizou o valor de desenvolvermos raízes espirituais através da parábola do Semeador. O que Jesus ensinou a Seus discípulos foi que, assim que a semente da Palavra fosse semeada e germinasse, os crentes precisariam criar raízes para se sustentarem para suportar os problemas e perseguições que lhes ocorreriam como consequência de sua decisão de seguir a Cristo.

> **Salmos 1:3, NVI** *"[Ele] é como árvore plantada à beira de águas correntes: Dá fruto no tempo certo e suas folhas não murcham. Tudo o que ele faz prospera!"*

> **Jeremias 17:7-8, NIV** *"Mas bendito é o homem cuja confiança está no SENHOR, cuja confiança Nele está. Ele será como uma árvore plantada junto às águas e que estende as suas raízes para o ribeiro. Ela não temerá quando chegar o calor, porque as suas folhas estão sempre verdes; não ficará ansiosa no ano da seca nem deixará de dar fruto".*

Lance as suas raízes no lugar certo.

Tudo o que cresce tem raízes. Quanto maior a árvore, mais profundas e fortes as raízes precisam ser. Todos nós crescemos e criamos raízes para sustentar a vida que queremos viver. Criar raízes por meio de hábitos e práticas de vida, nos lugares certos, é essencial para vivermos uma vida plena e frutífera.

Criar raízes leva tempo

Encontramos tempo para as coisas que valorizamos. Quando valorizamos passar tempo com Deus e amamos ler e meditar sobre Sua Palavra, colocamos nossa esperança e confiança Nele para nos guiar e orientar. Há enormes recompensas por colocarmos nossa esperança e confiança Nele; esse lançar raízes espirituais profundamente dentro dos recursos espirituais de Deus.

> **Mateus 13:5-6, NVI** *"Parte dela caiu em terreno pedregoso, onde não havia muita terra, e logo brotou, porque a terra não era profunda. Mas quando saiu o sol, as plantas se queimaram e secaram, porque não tinham raiz."*

> **Mateus 13:20-21, NVI** *"Quanto à semente que caiu em terreno pedregoso, esse é o caso daquele que ouve a palavra e logo a recebe com alegria. Todavia, visto que não tem raiz em si mesmo, permanece pouco tempo. Quando surge alguma tribulação ou perseguição por causa da palavra, logo a abandona."*

Desenvolva raízes santas

As disciplinas espirituais são, na verdade, as raízes a partir das quais vamos crescer. Quando estivermos enraizados no lugar certo, prosperaremos. Ter, e desenvolver, raízes espirituais nas práticas e disciplinas corretas certamente garantirá uma vida inteira de crescimento saudável, que gerará frutos incessantemente. É essencial discipular os novos crentes para a compreensão – e o desenvolvimento – das disciplinas espirituais.

> **Romanos 11:16, NIV (grifo do autor)** *"Se é santa a parte da massa que é oferecida como primeiros frutos, toda a massa também o é; se a raiz é <u>santa</u>, os ramos também o serão."*

Se você investir tempo em coisas más, não se surpreenda quando hábitos, características e comportamentos malignos surgirem em sua vida. Ao assistir filmes e programas de televisão de televisão de baixo nível moral; ou passar tempo com os amigos errados; ou ler os livros, blogs ou websites errados, você estará investindo em raízes que não trarão bons frutos ou não desenvolverão a natureza boa e piedosa que você deseja.

Se você intencionalmente investir tempo no desenvolvimento de um caráter bom e piedoso, construído sobre bons valores morais e sendo um bom modelo a ser seguido, então estará investindo tempo em práticas que durarão eternamente.

> **As suas raízes são determinadas por aquilo que você <u>pratica</u> e investe o seu <u>tempo</u>.**

Todos aspiramos a ser pessoas de alta integridade, de personalidades bem equilibradas, de bom caráter e de quem as pessoas se agradam de estar por perto. Desenvolveremos o caráter, a natureza e o comportamento que aspiramos, se investirmos tempo e prática disciplinada no desenvolvimento desse caráter.

O que aprendemos aqui é a importância de termos "raízes santas", mas também o impacto que elas têm sobre os "galhos" e, em última instância, sobre os "frutos" que eles darão. O Apóstolo Paulo aborda este mesmo assunto com a igreja de Colossos. Ele os exorta a *continuarem a viver suas vidas Nele.* Como? *Enraizados e edificados Nele.*

> **Colossenses 2:6-7, NVI** *"Portanto, assim como vocês receberam Cristo Jesus, o Senhor, continuem a viver Nele, enraizados e edificados Nele, firmados na fé, como foram ensinados, transbordando de gratidão"*

Esta mesma mensagem é levada à igreja de Éfeso; a mensagem de ***"estar enraizado".***

Efésios 3:17, NBV-P *"E oro para que Cristo habite em seus corações, à medida que confiarem Nele, e que vocês aprofundem suas raízes no solo do amor maravilhoso de Deus".*

Quando desenvolvemos disciplinas espirituais, desenvolvemos <u>raízes</u> espirituais.

O apóstolo Paulo ensinou seu discípulo, Timóteo, a treinar a si mesmo para ser piedoso. Desenvolver disciplinas espirituais é treinar a si próprio para ser piedoso. O que aprendemos com a Bíblia é que é essencial equipar-se, treinar-se e desenvolver-se Nele. É nosso dever desenvolver uma caminhada disciplinada com Deus.

1 Timóteo 4:7, NVI *"Rejeite, porém as fábulas profanas e tolas e exercite-se na piedade"*

"Os valores são os frutos que produzimos a partir das decisões que tomamos, na nossa busca de seguir o exemplo de Cristo."

Estabelecemos raízes espirituais quando desenvolvemos as disciplinas espirituais e os valores do Reino.

"Construir valores e desenvolver simultaneamente disciplinas espirituais, estabelecerá raízes a partir das quais nossa fé crescerá e amadurecerá."

Ter raízes fortes é essencial para o desenvolvimento de uma vida espiritual estável e saudável. Vamos agora fazer uma viagem na compreensão das disciplinas espirituais e dos valores do Reino de Deus.

Em cada lição semanal haverá uma disciplina espiritual para aprender, assim como alguns valores do Reino. Vamos reservar alguns momentos e analisar cada uma destas duas partes principais individualmente.

Parte I Disciplinas Espirituis

> *"Disciplinas espirituais são hábitos, práticas e experiências concebidas para desenvolver, fazer crescer e fortalecer nosso homem interior."*
> Dr. Hendrik J. Vorster

As disciplinas espirituais garantirão que conservemos e mantenhamos os valores que assimilamos em nossas vidas. Disciplinas espirituais são hábitos, práticas e experiências concebidas para desenvolver, fazer crescer e fortalecer nosso homem interior. As disciplinas espirituais constroem a aptidão de nosso caráter e mantêm intactos os valores que aspiramos a assimilar em nossas vidas. Formam a estrutura dentro da qual treinamos nossa alma para obedecer. Desenvolver disciplinas espirituais é como criar raízes nos lugares de onde se deseja obter o sustento. As disciplinas que desenvolvermos se tornarão caminhos através dos quais Deus trará alimento diário e consistente para nossa edificação e fortalecimento.

Os valores nascem e se desenvolvem em nossas vidas por terem suas raízes em um estilo de vida orientado por disciplinas <u>espirituais</u>.

Jesus enfatizou o valor de desenvolvermos raízes espirituais através da parábola do Semeador. O que Jesus ensinou a Seus discípulos foi que, assim que a semente da Palavra fosse semeada e germinasse, os crentes precisariam criar raízes para se sustentarem para suportar os problemas e perseguições que lhes ocorreriam como consequência de sua decisão de seguir a Cristo.

Salmos 1:3, NVI *"[Ele] é como árvore plantada à beira de águas correntes: Dá fruto no tempo certo e suas folhas não murcham. Tudo o que ele faz prospera!"*

Jeremias 17:7–8, NIV *"Mas bendito é o homem cuja confiança está no SENHOR, cuja confiança Nele está. Ele será como uma árvore plantada junto às águas e que estende as suas raízes para o ribeiro. Ela não temerá quando chegar o calor, porque as suas folhas estão sempre verdes; não ficará ansiosa no ano da seca nem deixará de dar fruto".*

Lance as suas raízes no lugar certo

Tudo o que cresce tem raízes. Quanto maior a árvore, mais profundas e fortes as raízes precisam ser. Todos nós crescemos e criamos raízes para sustentar a vida que queremos viver. Criar raízes por meio de hábitos e práticas de vida, nos lugares certos, é essencial para vivermos uma vida plena e frutífera.

Criar raízes leva tempo

Encontramos tempo para as coisas que valorizamos. Quando valorizamos passar tempo com Deus e amamos ler e meditar sobre Sua Palavra, colocamos nossa esperança e confiança Nele para nos guiar e orientar. Há enormes recompensas por colocarmos nossa esperança e confiança Nele; esse lançar raízes espirituais profundamente dentro dos recursos espirituais de Deus.

Mateus 13:5-6, NVI *"Parte dela caiu em terreno pedregoso, onde não havia muita terra, e logo brotou, porque a terra não era profunda. Mas quando saiu o sol, as plantas se queimaram e secaram, porque não tinham raiz."*

Mateus 13:20-21, NVI *"Quanto à semente que caiu em terreno pedregoso, esse é o caso daquele que ouve a palavra e logo a recebe com alegria. Todavia, visto que não tem raiz em si* *mesmo, permanece pouco tempo. Quando surge alguma tribulação ou perseguição por causa da palavra, logo a abandona."*

Desenvolva raízes santas.

As disciplinas espirituais são, na verdade, as raízes a partir das quais vamos crescer. Quando estivermos enraizados no lugar certo, prosperaremos. Ter, e desenvolver, raízes espirituais nas práticas e disciplinas corretas certamente garantirá uma vida inteira de crescimento saudável, que gerará frutos incessantemente. É essencial discipular os novos crentes para a compreensão – e o desenvolvimento – das disciplinas espirituais.

Romanos 11:16, NIV (grifo do autor) *"Se é santa a parte da massa que é oferecida como primeiros frutos, toda a massa também o é; se a raiz é santa, os ramos também o serão."*

Se você investir tempo em coisas más, não se surpreenda quando hábitos, características e comportamentos malignos surgirem em sua vida. Ao assistir filmes e programas de televisão de televisão de baixo nível moral; ou passar tempo com os amigos errados; ou ler os livros, blogs ou websites errados, você estará investindo em raízes que não trarão bons frutos ou não desenvolverão a natureza boa e piedosa que você deseja.

Se você intencionalmente investir tempo no desenvolvimento de um caráter bom e piedoso, construído sobre bons valores morais e sendo um bom modelo a ser seguido, então estará investindo tempo em práticas que durarão eternamente.

As suas raízes são determinadas por aquilo que você pratica e investe o seu tempo.

Todos aspiramos a ser pessoas de alta integridade, de personalidades bem equilibradas, de bom caráter e de quem as pessoas se agradam de estar por perto. Desenvolveremos o caráter, a natureza e o comportamento que aspiramos, se investirmos tempo e prática disciplinada no desenvolvimento desse caráter.

O que aprendemos aqui é a importância de termos "raízes santas", mas também o impacto que elas têm sobre os "galhos" e, em última instância, sobre os "frutos" que eles darão. O Apóstolo Paulo aborda este mesmo assunto com a igreja de Colossos. Ele os exorta a *continuarem a viver suas vidas Nele*. Como? *Enraizados e edificados Nele.*

> **Colossenses 2:6-7, NVI** *"Portanto, assim como vocês receberam Cristo Jesus, o Senhor, continuem a viver Nele, enraizados e edificados Nele, firmados na fé, como foram ensinados, transbordando de gratidão"*

Esta mesma mensagem é levada à igreja de Éfeso; a mensagem de *"estar enraizado".*

> **Efésios 3:17, NBV-P** *"E oro para que Cristo habite em seus corações, à medida que confiarem Nele, e que vocês aprofundem suas raízes no solo do amor maravilhoso de Deus".*

Quando desenvolvemos disciplinas espirituais, desenvolvemos <u>raízes</u> espirituais.

O apóstolo Paulo ensinou seu discípulo, Timóteo, a treinar a si mesmo para ser piedoso. Desenvolver disciplinas espirituais é treinar a si próprio para ser piedoso. O que aprendemos com a Bíblia é que é essencial equipar-se, treinar-se e desenvolver-se Nele. É nosso dever desenvolver uma caminhada disciplinada com Deus.

> **1 Timóteo 4:7, NVI** *"Rejeite, porém as fábulas profanas e tolas e exercite-se na piedade"*

Praticantes do Novo Testamento

Parece, pelo impacto que a Igreja primitiva teve, que eles tinham algumas práticas, que os colocavam em uma situação em que as pessoas eram acrescentadas à Igreja diariamente. Temos também vários exemplos disso provenientes das disciplinas espirituais dos apóstolos. À medida que a Igreja crescia, aumentavam as complexidades do ministério, no entanto, o que distinguia os apóstolos era sua disciplina em manter suas disciplinas espirituais inalteradas.

Em quase todas as ocasiões em que os apóstolos são mencionados, eles estão indo orar, ocupados orando ou mostrando que coisas incríveis aconteceram como resultado de orações e da ministração da Palavra de Deus.

Atos 6:4, NVI "*e nos dedicaremos à oração e ao ministério da palavra.*"

Os versículos 42 a 47 de Atos 2, enfatizam algumas das práticas espirituais dos crentes do livro de Atos:

Atos 2:42-47, NIV "*Eles se dedicavam ao ensino dos apóstolos e à comunhão, ao partir do pão e às orações. Todos estavam cheios de temor, e muitas maravilhas e sinais eram feitos pelos apóstolos. Os que criam mantinham-se unidos e tinham tudo em comum. Vendendo suas propriedades e bens, distribuíam a cada um conforme a sua necessidade. Todos os dias, continuavam a reunir-se no pátio do templo. Partiam o pão em casa e juntos participavam das refeições, com alegria e sinceridade de coração, louvando a Deus e tendo a simpatia de todo o povo. E o Senhor lhes acrescentava diariamente os que iam sendo salvos.*

Nessa porção das Escrituras, observamos ao menos sete disciplinas espirituais presentes na Igreja primitiva. Eles as praticavam diariamente, e a elas se entregavam integralmente. A disciplina espiritual de se devotar à Palavra de Deus (***Os ensinos dos apóstolos***), adoração (***companheirismo***), comunhão (***partir do pão***) oração, simplicidade (***ter tudo em comum***), mordomia (***vendiam suas propriedades e bens para distribuir a qualquer um que necessitasse***) e testemunho *(contavam com a simpatia de todo o povo)*. O surpreendente sobre este testemunho e exemplo é que o Senhor coroou sua devoção pessoal e coletiva, pois lhes *"acrescentava diariamente os que iam sendo salvos."*

Nos próximos dias, iremos, a cada semana, explorar e desenvolver uma disciplina espiritual, bem como alguns valores do Reino de Deus para assimilar em nossas vidas. Oro para que você também seja **enraizado em Cristo** e que se torne um poderoso *"carvalho de justiça"*.

Parte II Valores

<u>Valores</u> são os frutos que produzimos da fé que professamos e praticamos.

Toda família tem seus próprios valores. Nossas vidas são construídas sobre eles. Valores são os frutos que produzimos, ao afirmar nossa lealdade e confiança em Deus. É essa demonstração constante de nossa fé e a base sobre a qual construímos nossas vidas.

Oro para que você seja intencional na construção desses valores na sua vida, pois eles se tornarão um dos maiores testemunhos que levará na sua vida do Poder de Deus para mudar vidas. *Muitas poucas coisas têm um poder tão incrível de convencimento quanto uma vida transformada.* Não nos limitemos a contar às pessoas sobre Cristo; vivamos a mudança que Ele trouxe às nossas vidas. Isto só é possível quando conectamos nossa fé em Deus à obra de renovação do Espírito Santo, através do *novo nascimento* e do aprendizado e prática destes valores do Reino. Desfrute desta viagem emocionante!

Há muitos valores no Reino de Deus, porém, para o propósito deste manual, eu os reduzi a 52. Você poderia comprar meus livros: *Valores do Reino de Deus* e *Disciplinas Espirituais do Reino de Deus* em nosso website ou no site da *Amazon*.

Processo do Discipulado

Esta viagem é composta de algumas fases. Seu nome é Jornada de Discipulado, da qual você se beneficiará mais se segui-las sistematicamente, do Discipulado Um ao Discipulado Cinco. Este curso levará pelo menos um ano para ser concluído, porém, é o que acontece com as árvores que levam uma vida inteira para se tornarem árvores poderosas. Ao extrairmos diariamente seiva por meio de nossas raízes espirituais, estando firmemente fundamentados na Palavra, na oração e na irmandade, cresceremos lenta e firmemente.

Ao olharmos um pouco mais de perto para cada uma dessas cinco fases e as compararmos com a Parábola do Semeador, podemos ver delineadas as primeiras quatro fases de crescimento e desenvolvimento, mas com ênfase na condição de nossos corações ao receberem a Palavra de Deus. Minha oração é que vocês cresçam, se desenvolvam e se tornem seguidores de Jesus, produzindo frutos a cem por um.

DISCIPULADO UM – SALVAÇÃO

A primeira fase do discipulado lida com a germinação da semente da nossa fé. Esta fase trata do essencial, ou das práticas elementares para colocarmos a nossa fé em Jesus Cristo como Senhor.

DISCIPULADO DOIS – ESTABELECER RAÍZES, VALORES E DISCIPLINAS

A segunda fase trata de estabelecer as raízes a partir das quais nossa fé crescerá e amadurecerá. Instilar os valores do Reino de Deus desenvolve nossas raízes espirituais. Desenvolvemos disciplinas espirituais para preservar e manter esses valores em nossas vidas.

DISCIPULADO TRÊS – DESENVOLVER DONS E TALENTOS

A terceira fase do discipulado trata de descobrir e desenvolver nossos dons espirituais. É quando desenvolvemos habilidades ministeriais para cumprir nosso chamado a serviço do Senhor e continuamos a desenvolver raízes fortes e saudáveis para assegurar que nós, tanto produziremos frutos saudáveis quanto resistiremos à tentação maligna do inimigo.

DISCIPULADO QUATRO – FRUTIFICAÇÃO

A quarta fase do discipulado trata de gerar frutos através da prática consistente do que aprendemos, vivendo uma vida de amor, que vale a pena ser seguida, e de pastorear aqueles que nos são confiados.

DISCIPULADO CINCO – MULTIPLICAÇÃO

A quinta fase do discipulado trata de nossos discípulos se multiplicarem através de seus próprios discípulos, ajudando-os e guiando-os a pôr consistentemente em prática o que eles aprenderam, e a ajudar seus discípulos a fazer o mesmo. Nós serviremos de exemplo para eles, vivendo uma vida de amor que vale a pena a ser seguida, guiando-os em seus propósitos.

Diagrama do Processo de Discipulado[VS1]

Diagrama do Processo de Discipulado

Esta viagem de discipulado foi projetada para pessoas que desejam não apenas receber a Palavra com alegria, mas também permitir que ela cresça até que aconteça uma colheita multiplicada.

Oro para que, ao longo deste curso de discipulado, você entregue a sua vida a Cristo, ou, que conforme passamos pelas lições, afirme sua decisão de aceitar Jesus como o Senhor e Salvador de sua alma. Minha oração por você é que a Palavra de Deus, semeada por meio deste curso, não seja arrebatada por Satanás, mas que germine, crie raízes e cresça, amadureça, frutifique e se multiplique.

> **Mateus 13:8, NVI** *"Outra ainda caiu em boa terra, deu boa colheita, a cem, sessenta e trinta por um."*

Oro para que você seja aquela pessoa em cujo coração a semente da Palavra de Deus criará raízes, e lhe dê forças para suportar tribulações e perseguições, e perseverar através das tentações enganosas deste mundo, até que você finalmente se torne frutífero resgatando almas para o Senhor e as veja multiplicarem-se grandemente.

TESTE DE ASSIMILAÇÃO

Introdução

1.Quais são as duas áreas essenciais nas quais Jesus se concentrou em Seu ensinamento para os Apóstolos?<u>*Os valores do Reino de Deus e as disciplinas espirituais*</u>

2.Complete a frase<u>: *"As culturas mudam através dos **valores** corporativos que sustentam"*.</u>

3.Complete a frase: "<u>*As suas **crenças** moldam os seus valores, que influenciam diretamente as suas ações*</u>".

4.Complete a frase: "<u>*João Batista exigia uma demonstração de mudança de valores antes do **batismo**"*.</u>

Qual Escritura nos confirma as exigências de João? **<u>Lucas 3:8.</u>**

5.Por meio de qual valor todas as pessoas saberão que somos discípulos de Jesus? Qual a Escritura que confirma a sua resposta? <u>*Pela forma que **amarmos** uns aos outros. João 13:35.*</u>

6.Complete a frase: <u>*Os valores são construídos em nossas vidas **propositalmente.***</u>

7.<u>Complete a frase:</u> Complete a frase: <u>*Valores se tornam parte de nossas vidas por meio da **prática**.*</u> Qual a Escritura que confirma esta afirmação? *1Timóteo 4:7*_____

8. Cite pelo menos três disciplinas espirituais que você tenha aprendido em Atos 2:42-47.

_____
–
_____
_____
_____

SEGUNDA SEMANA

PARTE I
DISCIPLINAS ESPIRITUAIS:ORAÇÃO

1
ORAÇÃO

Jesus nos ensinou, e Seus discípulos nos aconselharam, a respeito da *disciplina espiritual da oração*. Ele lhes ensinava com frequência sobre essa disciplina espiritual e Ele mesmo lhes deu o exemplo. Dentre as ocasiões em que Ele os ensinou sobre oração, destaca-se a Sua mensagem na montanha. Além de ensinar a Seus discípulos os valores do Reino de Deus, Ele também lhes ensinou estas disciplinas.

Mateus 6:6-13, NVI *"Mas, quando você orar, vá para seu quarto, feche a porta e ore a seu Pai, que está em secreto. Então seu Pai, que vê em secreto, o recompensará. E, quando orarem, não fiquem sempre repetindo a mesma coisa, como fazem os pagãos. Eles pensam que por muito falarem serão ouvidos. Não sejam iguais a eles, porque o seu Pai sabe do que vocês precisam, antes mesmo de o pedirem: Vocês orem assim: Pai nosso, que estás nos céus! Santificado seja o Teu nome. Venha o Teu Reino; seja feita a Tua vontade, assim na terra como no céu. Dá-nos hoje o nosso pão de cada dia. Perdoa as nossas dívidas, assim como perdoamos aos nossos devedores. E não nos deixes cair em tentação,* *mas livra-nos do mal, porque Teu é o Reino, o poder e a glória para sempre. Amém"*. check scripture

Matthew 6:9-13 (NIV) *⁹ **In this manner**, therefore, **pray**: Our Father in heaven, Hallowed be Your name ¹⁰ Your kingdom come. Your will be done on earth as it is in heaven. ¹¹ Give us this day our daily bread. ¹² And forgive us our debts, as we forgive our debtor ¹³ And do not lead us into temptation, but deliver us from the evil one. For Yours is the kingdom and the power and the glory forever. Amen."*

A oração a maneira de nos comunicarmos com Deus. A oração é a disciplina e a prática dedicada da comunicação bidirecional com Deus. Há muitas maneiras de orar e gostaria de reservar alguns momentos para explorar alguns desses maravilhosos exemplos que aprendemos com a Bíblia.

Como orar efetivamente?

A Oração do "Pai Nosso"

A oração do *"Pai Nosso"*, conforme foi ensinada pelo Senhor Jesus, é uma das orações mais poderosas que podemos fazer. Aqui está uma explicação resumida para que possamos orá-la diariamente.

- "Pai Nosso, que estás no céu" – Como filhos de Deus, temos um Pai Celestial. Dirija-se a Deus Pai com amor e respeito, como o seu Pai.
- "Santificado seja o Teu nome". – Tome tempo no início desta oração para honrar o Deus Pai pelo que Ele é para você e pelo que Ele tem feito na sua vida. Louve-O. Adore-O.
- "Venha o Teu Reino; seja feita a Tua vontade, assim na terra como no céu." – Confirmamos que somos parte de

Seu Reino, e que desejamos ver Seu Reino e Regras entrarem, não apenas em nossas vidas, mas também na vida dos outros. Nós nos submetemos, através desta oração, a fazer Sua vontade.

- **"Dá-nos hoje o nosso pão de cada dia."** – Reconhecemos a nossa dependência Dele e o reconhecemos como a fonte do nosso sustento. Deus é a nossa fonte! Ele é o nosso Provedor, e não as nossas próprias capacidades ou habilidades. Nós declaramos que Ele é a nossa fonte.
- **"<u>Perdoa</u> as nossas dívidas, assim como <u>perdoamos</u> aos nossos devedores.** – Todos nós temos necessidade de perdão diariamente. Reserve um tempo para confessar seus pecados a Ele e aceitar o perdão que só se encontra em Cristo Jesus. Também dedique tempo em oração para perdoar aqueles que pecaram contra você. A medida com a qual perdoamos é a mesma medida com a qual seremos perdoados.
- **"E não nos deixes cair em tentação, mas livra-nos do <u>mal</u>"**. – Pedimos humildemente que Deus nos proteja de fazer ou explorar coisas erradas. Oramos por Sua libertação das coisas erradas em nossas vidas. Oramos por Sua divina libertação, orientação e proteção.
- **"Porque Teu é o <u>Reino</u>, o poder e a glória para sempre."** – Tome um tempo ao final desta curta oração para declarar novamente a sua submissão ao Governante da sua vida. Tire um tempo para declarar que Ele tem todo o poder e autoridade sobre a sua vida e sobre o mundo inteiro.

A Oração do Tabernáculo

Jesus Cristo é o nosso Sumo Sacerdote, servindo à direita de Deus, nosso Pai, no céu. A Bíblia ensina que quando Deus deu a Moisés instruções para que Lhe construísse um tabernáculo no deserto para que Ele pudesse habitar entre Seu povo, que ele precisava construí-lo de acordo com o padrão que Deus lhe deu, pois era o padrão do tabernáculo no céu.

> **Hebreus 8:1-2, NVI (grifo do autor)** *"O mais importante do que estamos tratando é que temos um sumo <u>sacerdote</u> como esse, o qual se assentou à direita do trono da Majestade nos céus, e serve no santuário, no verdadeiro <u>tabernáculo</u> que o Senhor erigiu, e não o homem".*

> **Hebreus 8:5, NVI (grifo do autor)** *"Eles servem num santuário que é <u>cópia</u> e sombra daquele que está nos <u>céus</u>, já que Moisés foi avisado quando estava para construir o tabernáculo: 'Tenha o cuidado de fazer tudo segundo o modelo que lhe foi mostrado no monte'."*

> **Hebreus 10: 19-22, NVI** *"Portanto, irmãos, temos plena confiança para entrar no Lugar Santíssimo pelo sangue de Jesus, por um novo e vivo caminho que Ele nos abriu por meio do véu, isto é, do Seu corpo. Temos, pois, um grande sacerdote sobre a casa de Deus. Assim, aproximemo-nos de Deus com um coração sincero e plena convicção de fé, tendo os corações aspergidos para nos purificar de uma consciência culpada e os nossos corpos lavados com água pura."*

A Oração do Tabernáculo nos proporciona um caminho que nos permite entrar na Presença de Deus de uma forma respeitável e honrosa aos olhos de Deus. Através destas Escrituras, aprendemos que esta é realmente uma das maneiras que Deus deseja que cheguemos a Ele diariamente.

- **Portas** – Salmo 100:4 (NVI) diz: "Entrem por suas portas com ações de graças" – Comece seu tempo de oração com ações de graças em seu coração. Agradeça a Deus por quem Ele é, pelo que Ele significa e o que Ele já fez na sua vida. Agradeça-Lhe pelas bênçãos que você percebe na sua vida, por estar vivo, pela sua saúde, sua família, sua igreja, e pelas muitas outras bênçãos que Ele derramou na sua vida desde a última vez que você orou.

- <u>Átrios</u> – O salmo 100:4 também afirma: "e em seus átrios com louvor; deem-Lhe graças e bendigam o Seu nome." – Louve-O por quem Ele é para você. **Este é o momento perfeito para declarar Seus Atributos:** Ele é o meu provedor, Ele é o meu protetor, Ele é o meu pastor, Ele é o meu conselheiro, Ele é a minha justiça, Ele é o meu guia, Ele é cuida de mim e o meu libertador, Ele é Deus poderoso, e tudo o mais que se possa atribuir a Ele. É o momento de dizer tudo o que Ele significa para você.
- O <u>Altar</u> dos Holocaustos – O Altar dos Holocaustos (Êxodo 27:1-8, 38:1-7), é o lugar no pátio externo onde eram feitas as ofertas queimadas; e representa o momento em que nos lembramos do enorme preço que Cristo pagou por nossa redenção. **O Altar dos Holocaustos é quando, em nossa oração, fazemos a confissão dos nossos pecados, e pedimos o sangue de Jesus para nos lavar e nos purificar,** para que possamos entrar nos pátios internos com confiança e plena certeza de que nossas orações serão ouvidas e atendidas. Devemos fazer uso do Sangue de Jesus com reverência e profunda gratidão.
- <u>Bacia</u> – A Bacia de bronze (Êxodo 30:17) é onde os sacerdotes lavam suas mãos e seus pés antes de entrarem no tabernáculo. Enquanto o Sangue de Jesus nos limpa de toda injustiça, e nos lava de todos os nossos pecados, **a água representa nosso compromisso de viver com a consciência tranquila e de forma correta com Deus.** A bacia representa aquele tempo durante a oração em que refletimos conscientemente sobre nossos caminhos. Reserve tempo para assumir um compromisso no seu coração e na sua mente com a vontade e o propósito de Deus. Peça ao Senhor uma visão de Seus mandamentos,

reveja as Escrituras que tratam dos mandamentos, tanto por Moisés, quanto como o que Jesus ensinou sobre eles no Novo Testamento.
- **O Lugar Sagrado** – A primeira parte do Santo dos Santos tem três principais acessórios: **1. O Candelabro de Ouro, 2. O Altar Dourado de Incenso e 3. A Mesa da Propiciação.** Todos os três desempenham um papel significativo na Presença de Deus e para o encontro com a Presença de Deus.
- **O Candelabro de Ouro** representa o **espírito <u>sétuplo</u> de Deus. (Isaías 11:2) Oramos pelo poder do Espírito Santo sobre nossas vidas.**

Oramos por Sua sabedoria, percepção e compreensão. Oramos por Seu conselho, poder e conhecimento em nós. Oramos por Seus graciosos dons (1 Coríntios 12:1-9 e Romanos 12) sobre nós, e nos apresentamos como Seus instrumentos a sermos utilizados por Ele para a edificação do Corpo de Cristo.

- **O Altar Dourado do Incenso** *nos representa levando a oração e o culto, oferecidos com humildade e adoração. Nossas orações são como fragrâncias de cheiro suave* diante do Trono de Deus. Reserve um tempo para oferecer todo tipo de intercessões, petições e outras orações diante de Deus.
- **A Mesa da Propiciação** *representa o lugar que a Palavra de Deus, tanto escrita quanto falada, tem em nossas vidas. Dedicamos tempo para meditar na Palavra de Deus, tanto pelo que lemos como pelo que acreditamos que Ele tem falado em nossas vidas.* Este um lugar especial, onde ouvimos o que Deus está nos dizendo. Não viveremos só de pão, mas de cada palavra que sai da boca de Deus. É sempre bom orar com a sua Bíblia. Separe um tempo para "comer" a Palavra de Deus, lendo e meditando sobre ela durante o seu tempo de oração.

Desde que Cristo morreu na Cruz, a porta para o Santo dos Santos foi aberta, por meio de Seu sangue, para que pudéssemos ter acesso à gloriosa presença e ao trono de Deus. Lá, no lugar de misericórdia, está assentada a glória da Shekinah de Deus. O Deus Pai está presente aqui no Santo dos Santos. Há apenas um mobiliário no Santo dos Santos – a Arca da Aliança com o lugar da Misericórdia, com os querubins que a cobrem.

- **Arca da Aliança** – A Arca da Aliança representa a Shekinah da gloriosa presença de Deus. Nela, encontram-se estes três elementos:

1. **Os 10 mandamentos** – uma lembrança constante do padrão eterno da vontade de Deus, mas também uma lembrança de que a vida na Presença de Deus só pode ser baseada na Palavra e na vontade de Deus, e
2. **O Maná** – representando a eterna provisão e sustento de Deus, e
3. **A vara em flor de Aarão**, representando a escolha feita por Deus dos homens entre os homens, para fins divinos.

A presença de Deus supera tudo e qualquer coisa que possamos desejar. É aqui que habita a mais preciosa Presença de Deus Pai. Se não fosse pelo precioso sangue de Jesus, quem de nós poderia estar com Ele em Sua Santa Colina? O Santo dos Santos é o lugar do encontro final com o Deus Todo-Poderoso. É aqui que Jesus se senta à direita do Pai. É aqui que o Pai habita em toda Sua Glória. Separe um tempo e deixe o Senhor sussurrar para você o que Ele está prestes a fazer, como Ele fez com o apóstolo João no livro do Apocalipse.

Passe tempo em Sua Presença e deixe que Ele lhe dê suas tarefas diárias. É aqui em Sua presença, que adoramos o Pai pela Sua provisão do maná cotidiano, por ter nos escolhido, e onde nos comprometemos a cumprir Seu propósito sob Sua autoridade, onde O adoramos e nos empenhamos a respeitar Seus padrões imutáveis.

Orando os Salmos

Outra forma de orar é seguir a orientação das orações oferecidas nos salmos. Eu leio regularmente cinco salmos por dia, e assim fazendo, leio e oro todos os salmos em um mês. Sempre encontro um tremendo encorajamento ao orar os salmos, como se fossem minhas próprias palavras expressas a Deus.

Orando as Orações da Bíblia

Há muitas orações na Bíblia e, ao nos depararmos com elas, podemos também orá-las como se fossem nossas próprias orações.

- Jacó orou quando enfrentou seu irmão Esaú em Gênesis 32:9-12.
- Moisés orou.
- Abraão orou.
- Temos a incrível oração de Jabez em 1 Crônicas 4:10.
- Davi orou muitas vezes e em muitos lugares. Uma de suas muitas orações está registrada em 2 Samuel 7:18-29 que também se encontra em 1 Crônicas 17 versículos 16-27. A maioria dos salmos que Davi escreveu são suas orações.
- Salomão fez muitas orações, como as registradas em 1 Reis 8:22-53. Temos também aquelas em 2 Crônicas 6:12-40 e outra em 2 Crônicas 7.
- Daniel orou em Daniel 9:3-19. Sabemos que Deus respondeu suas orações, pois lemos sobre isso nos versículos 20 a 23.
- Jesus orou em João 17.
- A oração de Paulo é registrada em Efésios 1:15-21. Encontramos outra oração em Efésios 3:14-21. Ele pediu que orassem por ele em Efésios 6:19-20.
- João orou em 3 João 1:2.

A <u>Armadura</u> de Deus

Em Efésios 6, lemos sobre *A Armadura de Deus*. Esta é uma maravilhosa porção das Escrituras, que deveríamos orar todos os dias; pois não se trata apenas de uma bela oração, mas também de uma declaração de princípios.

> **Efésios 6: 13-17, NVI** *"Por isso, vistam toda a armadura de Deus, para que possam resistir no dia mau e permanecer inabaláveis, depois de terem feito tudo. Assim, mantenham-se firmes, cingindo-se com o cinto da verdade, vestindo a couraça da justiça e tendo os pés calçados com a prontidão do evangelho da paz. Além disso, usem o escudo da fé, com o qual vocês poderão apagar todas as setas inflamadas do Maligno. Usem o capacete da salvação e a espada do Espírito, que é a palavra de Deus."*

- O <u>Cinto</u> da Verdade – Cerque-se e comprometa-se com a verdade da Palavra de Deus.
- A **Couraça da Justiça** – Comprometa-se a permanecer em uma posição correta com Deus.
- Os <u>Calçados</u> da Prontidão – Comprometa-se a ir aonde Deus o chama para ir e ser Seu Mensageiro.
- O Escudo da <u>Fé</u> – Declare a sua fé em Deus acima de tudo.
- O <u>Capacete</u> da Salvação – Confirme a sua salvação, e comprometa-se a oferecer a mensagem da salvação a outros.
- A Espada do <u>Espírito</u> – Comprometa-se a usar a Palavra de Deus, fazendo dela a sua arma contra os ataques do inimigo.

A Oração dos 10 Mandamentos

Outra grande oração que podemos fazer são os 10 Mandamentos. Leia e Ore Êxodo 20:1-17.

Êxodo 20:1-17. NVI *"E Deus falou todas estas palavras: 'Eu sou o*

SENHOR, o teu Deus, que te tirou do Egito, da terra da escravidão. Não terás outros deuses além de mim. Não farás para ti nenhum ídolo, nenhuma imagem de qualquer coisa no céu, na terra, ou nas águas debaixo da terra. Não te prostrarás diante deles nem lhes prestarás culto, porque eu, o SENHOR, o teu Deus, sou Deus zeloso, que castigo os filhos pelos pecados de seus pais até a terceira e quarta geração daqueles que me desprezam, mas trato com bondade até mil gerações aos que me amam e obedecem aos meus mandamentos. Não tomarás em vão o nome do SENHOR, o teu Deus, pois o SENHOR não deixará impune quem tomar o seu nome em vão. Lembra-te do dia de sábado, para santificá-lo. Trabalharás seis dias e neles farás todos os teus trabalhos, mas o sétimo dia é o sábado dedicado ao SENHOR, o teu Deus. Nesse dia não farás trabalho algum, nem tu, nem teus filhos ou filhas, nem teus servos ou servas, nem teus animais, nem os estrangeiros que morarem em tuas cidades. Pois em seis dias o SENHOR fez os céus e a terra, o mar e tudo o que neles existe, mas no sétimo dia descansou. Portanto, o SENHOR abençoou o sétimo dia e o santificou. Honra teu pai e tua mãe, a fim de que tenhas vida longa na terra que o SENHOR, o teu DEUS, te dá. Não matarás. Não adulterarás. Não furtarás. Não darás falso testemunho contra o teu próximo. Não cobiçarás a casa do teu próximo. Não cobiçarás a mulher do teu próximo, nem seus servos ou servas, nem seu boi ou jumento, nem coisa alguma que lhe pertença"

Os 10 mandamentos

1. Eu sou o SENHOR teu Deus; não terás outros deuses além de Mim.
2. Não farás para ti nenhum ídolo para prestar-lhes culto.
3. Não tomarás em vão o nome do SENHOR.
4. Lembra-te do dia de sábado, para santificá-lo.
5. Honrarás teu pai e tua mãe.

6. Não matarás.
7. Não adulterarás.
8. Não furtarás.
9. Não darás falso testemunho contra o teu próximo.
10. Não cobiçarás a mulher do teu próximo, nem coisa alguma que lhe pertença.

Comprometa-se a manter os mandamentos do Senhor em sua vida através da oração. Um compromisso de oração diária certamente manterá esses comandos básicos intactos em nossas vidas com a ajuda do Espírito Santo.

Orando no Espírito Santo

Quando recebemos o batismo com o Espírito Santo, também recebemos uma linguagem de oração, que é o orar em línguas.

> **1 Coríntios 14: 14-15, NVI** *"Pois, se oro em uma língua, meu espírito ora, mas a minha mente fica infrutífera. Então, que farei? Orarei com o espírito, mas também orarei com o entendimento; cantarei com o espírito, mas também cantarei com o entendimento."*

> **Judas 1:20-21, NVI** *"Edifiquem-se, porém, amados, na santíssima fé que vocês têm, orando no Espírito Santo. Mantenham-se no amor de Deus, enquanto esperam que a misericórdia de nosso Senhor Jesus Cristo os leve para a vida eterna."*

1 Tessalonicenses 5:17, ARA "Orai cessar"

Oro para que você desenvolva esta disciplina espiritual e que, em vez de ser uma tarefa, seja tempo reservado a cada dia para estar sozinho com Deus, aquele tempo em que você encontrará misericórdia e graça. Oro para que as suas orações sejam atendidas e para que você se fortaleça profundamente ao passar tempo com Deus em oração.

Conclusão sobre Oração

Há muitas maneiras de orar. A postura na oração não é tão importante quanto o coração e a devoção com os quais oramos. Ore diariamente. Ore com todo seu coração. Ore!

PARTE II
VALORES DO REINO DE DEUS

2

HUMILDADE

Definição:
A <u>humildade</u> é a qualidade de se ter uma visão modesta ou subjetiva da sua própria importância.

Escrituras:

Mateus 5:3, ARA. *"Bem-aventurados os humildes de espírito, porque deles é o Reino dos céus."*

Mateus 5:3, AMP (tradução livre) *"Bem-aventurados [espiritualmente prósperos, felizes, dignos de admiração] são os humildes de espírito [aqueles desprovidos de arrogância espiritual, aqueles que se consideram insignificantes] porque deles é o Reino dos céus [agora e para sempre]"*

1 Pedro 5:5-6, Filipenses 2:3, Filipenses 2:8

Característica Explicada:
A humildade é o primeiro valor ou característica que Jesus

ensinou a Seus discípulos. Um reino opera de forma significativamente diferente daquela de um país governado democraticamente. Em um reino existe apenas um governante e fazer sua vontade é tudo o que importa. No Reino de Deus existe um Rei e Seu nome é Jesus. Neste Reino, do qual fazemos parte desde que nascemos de novo, fazer Sua vontade é a única coisa que conta e é valorizada.

Fazer parte deste Reino requer uma tremenda humildade. Exige que nos submetamos de todo o coração e obedeçamos a tudo o que Ele disser, através da orientação do Espírito Santo nos instrui no que e como fazer. Através de submissão e obediência total, damos expressão a nossa sincera humildade. Este valor caracteriza a todo seguidor de Jesus. Tornamo-nos conhecidos por nossa total submissão à Sua vontade, como nos foi ensinado na Bíblia.

Aplicação Prática:

A melhor expressão que poderíamos dar a esse valor em nossas vidas é demonstrá-lo através de nossa vida submissa e respeitosa ao senhorio de Jesus, a Palavra e a vontade de Deus, em todas as áreas de nossas vidas.

3
PESAR

Definição:

O pesar é o valor da vida penitente e reflexiva. A penitência é o valor de se avaliar humilde e honestamente as próprias ações perante Deus, sempre com a vontade de reconhecer nossos erros e de seguir em frente com arrependimento. Esta ação penitente reflete o valor do pesar.

Escrituras:

> **Mateus 5:4, ARA.** *"Bem-aventurados os que choram, porque serão consolados."*

Mateus 5:4, AMP (tradução livre). *"Bem-aventurados [perdoados, revigorados pela graça de Deus] os que choram [por seus pecados e se arrependem], porque serão consolados [quando o fardo do pecado for retirado].*

> **Lucas 18:13, Salmos 51:1-4.**

Característica Explicada:

O pesar é algumas vezes descrito por palavras como: arrependimento, remorso, auto repreensão, autoacusação, vergonha ou tristeza. O Dicionário Bíblico Matthew Henry comenta e define este "pesar" como: *"Uma tristeza piedosa que opera um verdadeiro arrependimento, vigilância, em uma mente humilde e uma contínua dependência pela aceitação da misericórdia de Deus em Cristo Jesus, com uma constante busca do Espírito Santo, para purificar o mal restante, parece ser intencional"*[1]. O pesar é a penitência em ação.

Aplicação Prática:

Este valor está firmemente estabelecido em nossas vidas quando nos mantemos sempre abertos à correção sem argumentar que podemos estar de fato errados. Melhor estar errado do que ser conhecido como o tipo de pessoa que se julga dona da verdade, que não aceita correção. Este valor nos define como filhos do Reino de Deus. Que esta atitude de penitência diante de Deus seja praticada em cada conversa e encontro que tivermos com os outros. É uma coisa bonita de se observar nos crentes quando eles levam em si um espírito de penitência. Mantenha sempre coração e mente abertos para avaliar cuidadosamente sua vida em vista da Palavra de Deus, com um coração arrependido.

4

MANSIDÃO

Definição:

A mansidão é a característica constante da submissão suave. É apresentar-se em cada situação como alguém que vive sob a regra e a diretriz de outra pessoa. A mansidão é viver em absoluta auto entrega à vontade de Deus.

Escrituras:

Mateus 5:5, ARA *"Bem-aventurados os mansos, porque eles herdarão a terra"*

Mateus 5:5, AMP (tradução livre) *"Bem-aventurados [interiormente pacíficos, espiritualmente seguros, dignos de respeito] são os mansos [os bondosos, os gentis, os que têm autocontrole], porque eles herdarão a terra.*

Mateus 6:10, João 4:34, Isaías 53:7.

Característica Explicada:

Expressamos mansidão ao vivermos com um espírito de submissão, em nome de Cristo. Resistência, submissão, vontade própria e algumas vezes rebeldia expressam o oposto de mansidão. A mansidão é percebida quando optamos por ser o menor, ou até mesmo prejudicados, em vez de lutarmos e resistirmos ao mal que nos é feito. Cristo foi *"como um Cordeiro para o matadouro"*. Ele não abriu a boca, nem resistiu à injustiça que lhe foi feita. Mansidão exige a renúncia absoluta de qualquer forma de direito. A força da mansidão se vê na total confiança no Deus que vê e que a fará justiça no final.

Aplicação Prática:

Somos mansos quando nos submetemos à vontade de Deus e confiamos mais Nele para um resultado favorável do que em lutar pelo que acreditamos ser certo. José é um dos maiores exemplos de um homem que viveu em absoluta mansidão e se entregou a Deus independentemente das injustiças que lhe foram feitas. Moisés é outro grande exemplo de alguém que se confiou inteiramente à vontade e determinação do Senhor, especialmente quando Deus determinou que ele mesmo não entraria na Terra Prometida. Entregar-se inteiramente à vontade de Deus é possivelmente um dos maiores exemplos de mansidão.

5
PAIXÃO ESPIRITUAL

Definição:

Demonstramos paixão espiritual quando nos entregamos plenamente à nossa fé e ao modo de viver de Cristo. Ter paixão espiritual é quando expressamos plenamente aquilo em que acreditamos e defendemos.

Escrituras:

Mateus 5:6, NVI *"Bem-aventurados os que têm fome e sede de justiça, pois serão satisfeitos"*

1 Timóteo 4:12,15; Romanos 12:11

Característica Explicada:

Palavras que às vezes estão associadas à definição de paixão espiritual, são: afã, zelo, entusiasmo, excitação, vigor, ardor, fascinação e obsessão. Ter paixão espiritual é viver totalmente comprometido com o que você acredita e defende. É estarmos totalmente apaixonados por Aquele a quem entregamos nossa vida. Não deve haver dúvidas para quem nos conhece de que somos crentes em Jesus Cristo e de que estamos apaixonados por Ele e desejamos tudo o que Ele tem a oferecer. A paixão espiritual se vê na forma como O seguimos, na Sua Palavra, e em como, ao mesmo tempo, buscamos fazer uso desses valores em nossas vidas.

Aplicação Prática:

A paixão espiritual caracteriza aqueles que através de suas palavras, ações e atitudes mostram sua fome e sede por mais de Deus, e Sua Palavra. Que nosso fervor espiritual e nossa busca por Ele, e crescimento Nele, sejam visíveis a todos. Apolo, um seguidor de Jesus, sobre quem lemos em Atos 18 versículo 25, foi um homem assim. O apóstolo Paulo demonstrou este fervor espiritual, conforme se vê em Colossenses 1 versículo 28. Tiago 5 versículo 16 nos revela que as fervorosas orações de um homem justo podem realizar muitas coisas. Que possamos ser fervorosos em nossa fé e adoração a Deus.

6
MISERICÓRDIA

Definição:

isericórdia é a capacidade de praticar constantemente a indulgência e a leniência para com aqueles que falham e caem.

Escrituras:

Mateus 5:7, NVI *"Bem-aventurados os misericordiosos, pois obterão misericórdia"*

Lucas 6:36, Deuteronômio 4:31, Tiago 2:13

Característica Explicada:

Ser misericordioso é ter indulgência com os outros quando estiverem enfrentando suas falhas e fracassos. As palavras que melhor descrevem a misericórdia são: compaixão, piedade, perdão, gentileza e simpatia. Misericórdia é ser generosamente solidário, demonstrando este sentimento com carinho e compreensão. Ter misericórdia é ser amoroso para com os infelizes. Ter misericórdia é possuir um espírito de perdão para com aqueles que pecam contra nós. Esta virtude se desenvolve, a partir de nossa própria experiência pessoal com misericórdia de Deus.

Aplicação Prática:

Somos misericordiosos quando nos enchemos de compreensão e indulgência para com os outros, se no caso vierem a falhar e cair. A misericórdia é melhor compreendida quando consideramos cuidadosamente como desejamos que Deus lide conosco e nos trate, quando nos apresentamos a Ele, sabendo que Ele conhece todos os nossos pensamentos, ações e palavras. Desejamos que Deus seja gracioso, compassivo, compreensivo e perdoador quando erramos. Que possamos encontrar a Graça de Deus em nós de tal forma que lidemos com os outros da mesma forma graciosa e compassiva. Que sejamos capazes de abordar as falhas e deficiências dos outros de uma forma simpática e carinhosamente compreensiva. Isto é ser misericordioso. Demonstramos misericórdia quando nos comportamos como o *Bom Samaritano* (Lucas 10:25-37). Jesus perdoou aqueles que O crucificaram (Lucas 23:34). Estêvão perdoou aqueles que o apedrejaram (Atos 7:60). Na oração do "Pai Nosso", Jesus nos diz para perdoar aqueles que pecam contra nós. Seja misericordioso.

7

PUREZA

Definição:

pureza caracteriza-se pela liberdade da imoralidade, do adultério e da contaminação pecaminosa; e é um valor do Reino de Deus.

Escrituras:

Mateus 5:8, NVI *"Bem-aventurados são os puros de coração, pois verão a Deus."*

Salmos 24:3-5, Filipenses 4:8, 1Timóteo 1:5, 2 Timóteo 2:20 e 1 Timóteo 4:12

Característica Explicada:

A pureza é associada à limpeza, integridade, bondade moral, piedade, retidão, decência, dignidade, inocência, castidade e virtude. Pureza é o resultado de vivermos em verdade para com Deus e com nós mesmos. A pureza é o estado de pensamento em que não nos deixamos corromper por prazeres ou paixões deste mundo. O temor do Senhor e viver de acordo com a Sua Palavra mantêm puro os nossos corações (Salmos 19:9; 119:9). Nossos pensamentos acabam por determinar o valor que damos à pureza e o lugar que a castidade terá em nossos corações.

Aplicação Prática:

A pureza é vista em nós pelo que assistimos, falamos e permitimos que entre nossas vidas através dos nossos sentidos. Em outras palavras, quando as pessoas visitam a sua casa, verão rapidamente o quanto você mantém sua vida pura e limpa, através dos programas de televisão e filmes que você assiste, os livros que possui em sua casa, as histórias que conta e aquilo que o emociona. Precisamos garantir que os canais pelos quais alimentamos nossa mente e, em última instância, nosso coração, estejam limpos e descontaminados. Seja com o que for que alimentemos nossos sentidos, é com isso que preencheremos nossos pensamentos. O Salmo 15 versículo 26 nos encoraja a ter pensamentos que sejam agradáveis ao Senhor. É que, muitas vezes, as pessoas são julgadas pelo que fazem, mas na realidade, o corpo segue aonde a mente foi primeiro, e uma vez que a mente digeriu o mal e os caminhos errados, o corpo a segue. Oro para que sejamos aqueles que perseguirão a pureza em suas mentes e protegerão seus corações de serem corrompidos com as coisas do mundo.

Pureza também é uma manifestação da obra santificadora do Espírito Santo. Ao permitirmos que Seu trabalho de limpeza e purificação continue em nossas vidas, nos tornamos os homens e as mulheres que Deus deseja que sejamos: puros.

8

PACIFICADORES

Definição:

Um pacificador é alguém que se coloca em situações de conflito com o objetivo de trazer a paz. Os pacificadores são reconciliadores em ação.

Escrituras:

Mateus 5:9, NVI *"Bem-aventurados os pacificadores, pois serão chamados filhos de Deus."*

Tiago 3:18, Romanos 14:19, Romanos 12:18, Salmos 34:14, Atos 7:26, 2 Coríntios 5:19-20, Efésios 4:3

Característica Explicada:

Ser um pacificador é ser alguém que procura unir os adversários e procurar sinceramente reconciliá-los. Palavras fortemente associadas à pacificação são: mediador, árbitro, apaziguador, diplomata, conciliador, negociador ou pacifista. Em certo sentido, isto é o que Deus nos chama a ser entre aqueles que estão em desacordo uns com os outros. Basta pensar no perfil de um diplomata. Basta pensar em alguém que está empenhado em arbitrar uma situação hostil. Pense nas características de alguém que está mediando um resultado adequado e aceitável entre duas partes opostas. Naquela imagem está a nossa vocação. Isto é o que Deus chama a cada um de nós para fazermos como pacificadores.

Aplicação Prática:

É difícil ajudar os outros a se reconciliarem, se você mesmo ainda estiver com dificuldade em sua própria vida. Um pacificador precisa primeiro ter paz em seu próprio coração, tendo se reconciliado com Deus antes de poder ajudar os outros a se reconciliarem com Deus e com o próximo. Ser um pacificador é se comprometer a ajudar as pessoas, na medida do possível, a viverem em paz umas com as outras. É tão fácil dar de ombros e nos eximirmos de uma situação difícil, em que as pessoas nos imploram por uma contribuição, mas este é exatamente o momento para o qual somos chamados a nos posicionarmos e exercermos o papel de pacificadores.

PARTE III
TESTE DE ASSIMILAÇÃO

Disciplina Espiritual

1. Qual a primeira Escritura que lemos em que Jesus ensinou a Seus discípulos sobre a Disciplina da oração? *Mateus 6:6-8.*

2. Qual a primeira oração que Jesus ensinou a Seus Discípulos e onde se encontra nas Escrituras? *A oração do "Pai Nosso", em Mateus 6:9.*

3. Cite os vários elementos importantes no Tabernáculo construído por Moisés. *Os portões, os átrios, o altar de bronze, a bacia, o Santo Lugar com o candelabro, a mesa com os pães da propiciação e o altar do incenso, e Santo dos Santos com a Arca da Aliança.*

. . .

4. Cite um dos itens da Arca da Aliança e explique seu significado.

_____

_____

_____

Valores do Reino:

5. Qual o primeiro valor do Reino de Deus que Jesus ensinou a Seus discípulos? _Humildade_

_____

6. Por que a humildade é um valor tão importante no Reino de Deus? _Porque somos parte de um reino. Em um reino há apenas um governante e no Reino de Deus este Rei é Jesus._

_____

_____

_____

7. Explique o valor do *Pesar* em suas próprias palavras:

_____

_____

_____

_____

8. Por que a pureza é um valor tão importante no Reino de Deus?

_____

_____

_____

_____

9. A qual outro valor você deseja se dedicar mais? Por quê?

Teste de Assimilação | 59

TERCEIRA SEMANA

PARTE I

DISCIPLINA ESPIRITUAL :LER,MEDITARE PRATICAR A PALAVRA DE DEUS

1

LER, MEDITAR E PRATICAR A PALAVRA DE DEUS

Jesus nos ensinou a disciplina espiritual de termos contato com a Palavra de Deus diariamente. Durante Seus dias de provação, Jesus usou a Palavra para se perseverar e se defender das tentações que Satanás lançou sobre Ele. Jesus citou Deuteronômio 8 versículo 3 que diz: *"Nem só de pão viverá o homem, mas de toda palavra que procede da boca do SENHOR."* Jesus Se apresentou como o Pão da vida. Todos os livros do Novo Testamento endossam e nos encorajam a seguir as Palavras do Senhor diariamente.

Lucas 4:4, ARC *"E Jesus lhe respondeu, dizendo: Escrito está que nem só de pão viverá o homem, mas de toda palavra de Deus."*

Salmo 1:1-3, NVI *"Como é feliz aquele que não segue o conselho dos ímpios, não imita a conduta dos pecadores, nem se assenta na roda dos zombadores! Ao contrário, sua satisfação está na lei do SENHOR, e nessa lei medita dia e noite. É como árvore plantada à beira de águas correntes: Dá fruto no tempo certo e suas folhas não murcham. Tudo o que ele faz prospera!"*

Colossenses 3:16, NVI *"Habite ricamente em vocês a palavra de Cristo; ensinem e aconselhem-se uns aos outros com toda a sabedoria e cantem salmos, hinos e cânticos espirituais com gratidão a Deus em seu coração."*

Romanos 10:17, NAA *"E, assim, a fé vem pelo ouvir, e o ouvir, pela palavra de Cristo."*

A eficácia em assimilar e valorizar a Palavra de Deus é determinada por nossa atitude de coração em dedicar tempo à Palavra de Deus, bem como pela nossa vontade e determinação de colocá-la em prática.

A vitalidade e o sucesso de nosso crescimento no Senhor, e a nossa fé Nele, dependem firmemente de abraçarmos a Bíblia como a palavra irrevogável de Deus para nós, o alicerce sobre o qual construiremos a nossa fé.

O que é a Bíblia?

A Bíblia é a inerrante Palavra de Deus. É o livro mais idôneo já escrito. Foi escrita ao longo de um período de 1.500 anos por mais de 40 autores que escreveram mensagens de Deus sob a inspiração do Espírito Santo.

A Bíblia foi compilada ao longo de um período de tempo e foi determinada como sendo as Sagradas Escrituras. O Primeiro Cânon das Escrituras foi a Bíblia Hebraica e consistia nos escritos do Antigo Testamento, como os conhecemos hoje.

A Bíblia Hebraica

A Bíblia hebraica é conhecida como Tanakh[1], que se divide em três partes. A primeira parte consiste dos cinco primeiros livros da Bíblia e é conhecida como a Torá. A segunda compilação, conhecida como Nevi'im[2], é formada pelos *"antigos profetas"*, pelos livros de Josué, Juízes, Samuel e Reis, e pelos livros proféticos de Isaías, Jeremias e

Ezequiel e os doze profetas menores. A terceira parte conhecida como Ketuvim[3], é formada pelos Salmos, Provérbios e Jó, depois há também o "Hamesh Migillot", formado das Lamentações de Jeremias, Ester, Cantares, Rute, Eclesiastes e os demais Livros de Daniel, Esdras, Neemias e Crônicas[4]. A Tanakh era aceita com a Escritura Sagrada até o segundo século antes de Cristo[5].

A Septuaginta

A Septuaginta é a primeira tradução da Tanakh para o grego.

O Novo Testamento

O Novo Testamento é uma coleção de 27 livros divididos em 4 partes: os Quatro Evangelhos, os Atos dos Apóstolos, as Epístolas Pastorais e um Livro Profético Apocalíptico[6]. Estes livros, que foram canonizados como Escritos Sagrados, foram todos escritos entre 50 – 120 d.C.[7] e afirmados por determinação em vários encontros de líderes da Igreja. Já em 382, no Conselho de Roma[8], a incorporação destes 27 livros foi aceita como parte da Bíblia completa.

A Autoridade da Bíblia

A Autoridade da Bíblia pode ser fundamentada a partir de uma dimensão arqueológica, histórica e profética. É mais do que coincidência que pessoas sem internet, mídias sociais ou serviços postais pudessem falar com tanta precisão sobre eventos futuros, que foram todos cumpridos. Precisamos reconhecer que houve inspiração divina.

Os Manuscritos do Mar Morto, entre outros manuscritos históricos, dão respaldo à exatidão dos escritos e à inerrância das Escrituras. A autoridade das Escrituras foi determinada pela consistência de sua mensagem por meio de tantos escritores, ao longo de tantos anos, provenientes de origens tão diferentes. Todos eles tinham a mesma mensagem e à medida que as "suas" mensagens se cumpriam, sua origem coesa e divinamente ordenada era confirmada. Falamos frequentemente da melhor sabedoria, que vem de se ver as coisas em retrospectiva. Quanto mais manuscritos são descobertos, mais se afirma o milagre de se ter as Palavras de Deus na memória escrita.

Nós, portanto, construímos nossas vidas sobre a Bíblia como a Palavra inerrante de Deus. Eu o encorajo a ter em alta consideração a sua Bíblia. Valorize seu conteúdo, pois ele contém as chaves da vida eterna.

Como posso aproveitar ao máximo o desenvolvimento desta disciplina sobre ler, meditar e praticar a Palavra de Deus?

Assuma um compromisso diário

Uma boa disciplina na assimilação da Palavra de Deus é:

- Assuma um compromisso de fazê-lo diariamente.
- Reserve um tempo específico e especialmente dedicado para estar a sós com Deus e com Sua Palavra.
- Encontre e siga um plano de leitura da Bíblia.
- Ele o ajudará a ler a Bíblia inteira anualmente.
- Enquanto lê a Bíblia diariamente, aplique o método EOPO para garantir que você não estará lendo a Bíblia como se fosse um outro livro qualquer, mas como o que ela realmente é: A Palavra de Deus para por ela, você e eu guiarmos nossas vidas.

Use o método EOPO

- EOPO significa:
- E – **Escritura** (a leitura específica do dia),
- O – **Observação** (O que Deus quer me dizer através da leitura de hoje?)
- P – **Prática** (Como posso colocar isto em prática hoje?)
- O – **Oração** (Ore por essa prática em sua vida. Por exemplo, Deus, hoje o Senhor me falou sobre o perdão

através de Sua Palavra. Eu escolho perdoar como o Senhor quer que eu perdoe. Comprometo-me a perdoar aqueles que vão fazer coisas das quais eu não gosto. Eu os perdoo. Perdoo aqueles que me prejudicam e me fazem sofrer. Ajuda-me a ser rápido em perdoar. Obrigado por Seu perdão. Amém.)

Escute e Faça

Encontre Deus através de sua leitura diária da Bíblia. Deus fala, e deseja falar conosco como Seus filhos. Escute e faça! Você sempre será encorajado e fortalecido através da leitura e meditação da Palavra.

Medite na Palavra

Medite sobre a Palavra de Deus. Pause enquanto lê, e pense sobre o que leu. Aprenda a Palavra de Deus.

Estude a Bíblia

Pegue as Escrituras que mais chamam a sua atenção e aquelas sobre as quais você sente que Deus lhe está falando e as aprenda, medite sobre elas; e lembre Deus sobre Suas promessas a você regularmente.

Seja um homem ou uma mulher da Palavra de Deus

Por onde começar?
Comece lendo o Evangelho de João. Leia pelo menos três capítulos do Novo e do Antigo Testamento por dia. Leia também 5 salmos e 1 capítulo em Provérbios. Assim você estará em uma boa e saudável dieta de disciplina espiritual.

PARTE II

VALORES DO REINO DE DEUS

2

PERSEVERANÇA PACIENTE SOB O SOFRIMENTO

Definição:

A perseverança paciente sob o sofrimento é a capacidade de suportar tratamento injusto por causa da sua fé. É ir além da resposta esperada a tais ataques, agindo de forma não retaliatória.

Escrituras:

Mateus 5:10-12, NVI *"Bem-aventurados os perseguidos por causa da justiça, pois deles é o Rino dos céus. Bem-aventurados serão vocês quando, por minha causa, os insultarem, os perseguirem e levantarem todo tipo de calúnia contra vocês. Alegrem-se e regozijem-se, porque grande é a sua recompensa nos céus, pois da mesma forma perseguiram os profetas que viveram antes de vocês."*

Lucas 6:22, NVI; 1 Pedro 2:19-20, NVI; Mateus 5:38-42, NVI; Mateus 16:24, NVI

Característica Explicada:

Quando Cristo nos prometeu o poder do Espírito Santo em Atos 1 versículo 8, Ele disse para sermos Suas testemunhas. Essa palavra, **testemunhas**, é a palavra grega *Martus*, da qual deriva a palavra *mártir*. Em suma, ser uma testemunha é estar preparado, todos os dias, para ser perseguido, caluniado, receber tratamento injusto, ser maltratado, em razão da sua fidelidade e alinhamento com Cristo. Este valor nos define ainda mais como filhos de Deus, como cidadãos do Reino dos Céus. Jesus disse que aqueles que suportam tal tratamento são abençoados e receberão uma grande recompensa no Céu.

Aplicação Prática:

O exercício desta característica requer realmente que *"ofereçamos a outra face"* e *"caminhemos a segunda milha"*. Damos plena expressão a este valor quando vivemos de boa vontade uma vida de abnegação em nome de Cristo.

3

EXEMPLO

Definição:

Ser um exemplo é o quanto valorizamos o Senhor Jesus, e o quanto desejamos tornar Seu nome conhecido entre os povos da Terra.

Escritura:

Mateus 5:13-16, NVI *"**Vocês são o sal da terra.** Mas, se o sal perder o seu sabor, como restaurá-lo? Não servirá para nada, exceto para ser jogado fora e pisado pelos homens. **Vocês são a luz do mundo.** Não se pode esconder uma cidade construída sobre um monte. E, também, ninguém acende uma candeia e a coloca debaixo de uma vasilha. Ao contrário, coloca-a no lugar apropriado, e assim ilumina a todos os que estão na casa. Assim **brilhe a luz de vocês diante dos homens, para que vejam as suas boas obras e glorifiquem ao Pai de vocês, que está nos céus.**"*

Mateus 12:34-37, NVI; 1 Timóteo 4:14, NVI; 1 Coríntios 11:1, NVI

Característica Explicada:

Ser um exemplo é uma consciência interior e a aptidão para se apresentar como um modelo a ser seguido, o que é visível através de seu comportamento, ações e palavras.

Aplicação Prática:

Ser exemplo é ter clara consciência de que Deus fez de mim uma luz para brilhar de tal forma que traga e direcione pessoas a Cristo. Valorizar ser um exemplo é cuidar da minha própria conduta e me apresentar na mais alta estatura moral possível, em todos os momentos.

4

GUARDIÃO

Definição:

Um guardião é um mantenedor, preservador e defensor da Palavra de Deus que busca seriamente cumprir a Palavra de Deus em todas as situações e circunstâncias. Um guardião é um protetor, praticante e advogado das diretrizes morais que Deus estabeleceu para Seu povo.

Escrituras:

Mateus 5:19, NVI *"Todo aquele que desobedecer a um desses mandamentos, ainda que dos menores, e ensinar os outros a fazerem o mesmo, será chamado menor no Reino dos céus; mas todo aquele que praticar e ensinar estes mandamentos será chamado grande no Reino dos céus."*

Marcos 12:29-31, NVI; João 15:14, NVI

Característica Explicada:

Ser um guardião é manter algo sagrado e seguro com dedicação. Ser um guardião é ser um mantenedor da lei, é preservar algo de alto valor. Os guardiões são aquelas pessoas que vivem para manter costumes e princípios valiosos, especialmente para que as gerações futuras os observem. São os protetores e bons administradores na transmissão dos valores e princípios que lhes foram ensinados ou transmitidos. Também guardam e defendem algo de alto valor, de interferências e influências externas.

Aplicação Prática:

Com esse ensinamento de Jesus, aprendemos que praticar e ensinar as pessoas a obedecer aos mandamentos do Senhor tem muito valor. Valorizamos ser guardiões quando, além de praticarmos a observância dos Dez Mandamentos, também ensinamos outros a praticá-los e obedecê-los. Como guardiões dos mandamentos do Senhor, primeiro praticamos esses mandamentos em nossas próprias vidas. O maior impacto que podemos causar é manter a observância dos mandamentos do Senhor em nossas próprias vidas. Quando guardamos esses comandos mantemos seu uso, garantindo assim, seu uso futuro.

5
RECONCILIAÇÃO

Definição:

Ser um reconciliador é ser um iniciador proativo para restaurar relacionamentos e neutralizar conflitos. Valorizamos a reconciliação quando tomamos a iniciativa de resolver as coisas com um irmão ou irmã, e é isso que Jesus nos incentiva a fazer.

Escritura:

Mateus 5:23-24, NVI *"Portanto, se você estiver apresentando sua oferta diante do altar e ali se lembrar de que seu irmão tem algo contra você, deixe sua oferta ali, diante do altar, e vá primeiro reconciliar-se com seu irmão; depois volte e apresente sua oferta."*

Mateus 18:15-17, NVI; 2 Coríntios 5:18-20, NVI

Característica Explicada:

Ser um reconciliador é ser alguém que deseja e trabalha para restabelecer as relações de amizade entre as pessoas. Isso se aplica a nós mesmos quando outras pessoas estão descontentes ou têm algo contra nós, ou ao ajudarmos outros a se reconciliarem, quando têm rixas não resolvidas entre eles. Reconciliar significa resolver disputas de forma apropriada e trabalhar juntos em unidade e harmonia para o futuro. A reconciliação requer humildade, perdão, misericórdia e graça.

Aplicação Prática:

Muitas pessoas têm rixas não resolvidas. Com humildade e na busca consistente da instrução do Senhor para viver em paz com todos os homens, ajudemos nossos irmãos a curarem seus relacionamentos rompidos.

6
RESOLUÇÃO

Definição:

Resolução se refere ao valor de ser um homem ou mulher de palavra, mesmo que doa.

Escrituras:

Mateus 5:37, NVI *"Seja o seu 'sim', 'sim', e o seu 'não', 'não'; o que passar disso vem do Maligno.*

Mateus 5:33, NVI; Salmo 15:4, NVI; Deuteronômio 23:21, NVI; Josué 24:15, ARC

Característica Explicada:

Ser resoluto é tomar decisões com firmeza, com propósitos, rapidamente e com determinação. É não permitir que nada se interponha no caminho da decisão tomada. É ser um homem ou mulher de palavra e manter o que você concordou, mesmo que isso o prejudique. Uma pessoa resoluta é aquela que é sólida, sã, firme, determinada e inabalável ao juramento ou promessa que fez.

Aplicação Prática:

Eu cresci na África do Sul e cresci com esse valor. Temos um ditado: "Minha palavra é minha obrigação". Significa simplesmente que, se eu lhe dei minha palavra, é o mesmo que lhe dar um cheque cruzado. Pessoas resolutas são inabaláveis em suas convicções e decididas a cumprir sua palavra. Seja uma pessoa de palavra.

7

AMOR

Definição:

 amor é um forte sentimento de afeto e carinho.

Escrituras:

Mateus 5:43-48, NVI (grifo do autor) *"Vocês ouviram o que foi dito: 'Ame o seu próximo e odeie o seu inimigo'.* **Mas eu digo: Amem os seus inimigos e orem por aqueles que os perseguem, para que vocês venham a ser filhos de seu Pai que está nos céus.** *Porque ele faz raiar o seu sol sobre maus e bons e derrama chuva sobre justos e injustos. Se vocês amarem aqueles que os amam, que recompensa vocês receberão? Até os publicanos fazem isso! E, se saudarem apenas os seus irmãos, o que estarão fazendo de mais? Até os pagãos fazem isso!* **Portanto, sejam perfeitos como perfeito é o Pai celestial de vocês."**

João 13:34-35, NVI; 1 João 4:7-8, NVI; 1 João 4:12, NVI; Romanos 12:10, NVI

Característica Explicada:

O amor pode ser explicado por palavras como afeto, adoração, amizade profunda, ternura, carinho, amizade e devoção. O amor é aquela expressão de afeto terno em relação a outra pessoa. Amor é o carinho que demonstramos quando gostamos muito de algo ou de alguém. Amor também é quando sentimos desejo por alguém. Define-se por uma atração e um desejo apaixonado por alguém. Uma forte afeição e um entusiasmo amistoso e amável que o acompanham expressam amor.

Aplicação Prática:

Valorizamos o amor quando expressamos nossos pensamentos, por meio de nossas ações sinceras, para mostrar e expressar carinho, admiração, afeto, ternura e profunda amizade. Valorizamos o amor quando demonstramos incondicionalmente nosso afeto de maneiras significativas. Todas as pessoas têm necessidade e desejo de serem amadas. O amor vem de Deus. Ame a Deus, ame Seu povo, ame os samaritanos e aqueles que o machucaram, abusaram e rejeitaram. Ame os mandamentos de Deus de todo o seu coração. Demonstramos que amamos a Deus pela maneira como obedecemos aos Seus mandamentos. Diga a alguém hoje sinceramente: "Eu te amo!" O amor afasta o medo. O amor une. Existe poder no amor!

8
DISCRIÇÃO

Definição:

Discrição é o valor inerente de fazer coisas extraordinárias sem desejar ser visto ou mesmo reconhecido por fazê-las, exceto pelo Senhor.

Escrituras:

Mateus 6:3-4, NVI (grifo do autor) *"Mas, quando você der esmola, **que a sua mão esquerda não saiba o que está fazendo a direita,** de forma que você preste a sua ajuda em segredo. E seu Pai, que vê o que é feito em segredo, o recompensará.*

Mateus 6:6, NVI; Mateus 6:17-18, NVI; Colossenses 3:23-24, NVI

Característica Explicada:

Discrição é valorizar profundamente fazer aquilo que honra a Deus, e não ao homem. Ser discreto é se comportar de forma sóbria, imperceptível e modesta. É valorizar fazer as coisas em segredo. Discrição é também praticar o retreinamento. É preferir subestimar suas realizações ou posses, em vez de exagerá-las. É o oposto de ostentação.

Aplicação Prática:

Acho que o ensino bíblico nos fornece um exemplo bastante significativo a seguir. Nós, crentes, às vezes somos chamados a exercer nossa fé de maneiras extraordinárias, como o jejum. Não é normal as pessoas jejuarem, nem mesmo por longos períodos de tempo, no entanto, para aqueles de nós que jejuam, a discrição é um valor a ser adotado. Ao observarmos as ordens e as orientações do Senhor para doar ou jejuar por uma causa, precisamos tomar precauções especiais para fazê-lo discretamente. Que as recompensas do alto, sobre nossa vida e nosso ministério, digam que oramos. Se de fato fazemos tudo para honrar a Deus, então a discrição será um valor fácil de ser adotado.

PARTE III
TESTE DE ASSIMILAÇÃO

Disciplina Espiritual: Ler, Meditar e Praticar a Palavra de Deus

1. Complete o versículo: "<u>Nem só de pão viverá o homem, mas de</u> _____ <u>de Deus</u>".

2. Complete o acrônimo EOPO e explique a que se refere cada letra:
   E_____
   O _____
   P_____
   O _____

3. Qual estratégia você seguirá para ler e meditar diariamente na Palavra de Deus?
_____
_____
_____
_____

Valores do Reino de Deus

4. Um dos valores é servirmos de "exemplo". Por que ele é importante para você?

_____
_____
_____
_____
_____

5. O que significa ser um guardião?

_____
_____
_____

6. O que significa ser resoluto?

_____
_____
_____

7. Como você pode ser mais atencioso?

_____
_____
_____

QUARTA SEMANA

PARTE I
DISCIPLINA ESPIRITUAL: JEJUM

1

JEJUM

Jesus nos ensinou sobre a *disciplina espiritual do Jejum* em Mateus 6 versículos 16 a 17. Jesus jejuou por 40 dias antes de começar Seu ministério na terra. Temos mantido a prática do jejum já há muitos anos em nossa comunidade.

Mateus 6:16-17, NVI *"Quando jejuarem, não mostrem uma aparência triste como os hipócritas, pois eles mudam a aparência do rosto a fim de que os outros vejam que eles estão jejuando. Eu digo verdadeiramente que eles já receberam sua plena recompensa. Ao jejuar, arrume o cabelo e lave o rosto".*

Jesus não rejeitou o desafio dos fariseus quando eles O questionaram sobre o fato de Seus Discípulos não jejuarem. Ele confirmou que eles jejuariam quando Ele não estivesse mais com eles.

Os Diferentes Tipos de Jejum

A Bíblia descreve basicamente três principais tipos de jejum:
·O jejum <u>regular</u> – O jejum regular significa se abster de comer

alimentos, no entanto, ainda se bebe água ou suco. Jesus fez esse tipo de jejum depois de Seu batismo no Jordão.

> **Mateus 4:2, NVI** *"Depois de jejuar quarenta dias e quarenta noites, teve fome."*

·O jejum de Daniel – Este tipo de jejum geralmente se refere a omitir ou abster-se de certos tipos de alimentos. Daniel define este tipo de jejum de forma bastante simples:

> **Daniel 10:2-3, ARA** *"Naqueles dias, eu, Daniel, pranteei durante três semanas. Manjar desejável não comi, nem carne, nem vinho entraram na minha boa, nem me ungi com óleo algum, até que passaram as três semanas inteiras."*

> **Daniel 1:2, NVI** *"Peço que faça uma experiência com os seus servos durante dez dias: Não nos dê nada além de vegetais para comer e água para beber"*

·Jejum Completo – São aqueles em que não se come nem se bebe nada. Paulo seguiu um jejum completo durante três dias após seu encontro com Jesus no caminho de Damasco. Ester também pediu a Mardoqueu que conclamasse os judeus para fazerem um jejum completo por três dias. Recomenda-se que este tipo de jejum seja feito com extrema cautela e por curtos períodos de tempo.

> **Atos 9:9, NVI** *"Por três dias ele esteve cego, não comeu nem bebeu."*

> **Ester 4:15-16, NVI** *"Então Ester mandou esta resposta a Mardoqueu: 'Vá reunir todos os judeus que estão em Susã, e jejuem em meu favor. Não comam nem bebam durante três dias e três noites. Eu e minhas criadas jejuaremos como vocês. Depois disso irei ao rei, ainda que seja contra a lei. Se eu tiver que morrer, morrerei'"*

Por Que Jejuamos?

Jejuar é uma disciplina espiritual. Vemos que muitos milagres e conquistas ocorreram durante os tempos de jejum e oração. A Bíblia está cheia de referências a jejum de heróis como Moisés, Daniel, Ester, Davi, Ezra e muitos outros. Jesus jejuou por 40 dias antes de iniciar Seu ministério terreno. A Igreja em Antioquia jejuou antes de enviar Paulo e Barnabé em sua missão.

Grandes avivalistas, como João Calvino, John Knox, John Wesley e Martinho Lutero, todos eles jejuavam. Durante uma visita a Charlotte, na Carolina do Norte, soube que Billy Graham jejuava e orava frequentemente durante os anos em que colaborou para um dos maiores avivamentos de nosso tempo.

Jejuar não é uma forma de manipular Deus.

O jejum é um meio pelo qual confessamos nossos pecados, abandonamos nossos maus caminhos e nos voltamos para Deus. Uma das muitas coisas que aprendemos na Bíblia sobre jejum e oração é que sempre foram acompanhados de confissão de pecados, arrependimento e de volta para Deus.

O jejum exige que estejamos atentos a Deus de todo o nosso coração.

Exemplos

Há muitos exemplos na Palavra de Deus sobre jejum e oração.

Ensino de Jesus sobre o Jejum

Jesus ensinou a Seus discípulos sobre o jejum.

> **Mateus 6: 16-18, NVI** *"Quando jejuarem, não mostrem uma aparência triste, como os hipócritas, pois eles mudam a aparência do rosto a fim de que os outros vejam que os outros vejam que eles estão jejuando. Eu digo verdadeiramente que eles já receberam sua plena recompensa. Ao jejuar, arrume o cabelo*

e lavre o rosto, para que não pareça aos outros que você está jejuando [...]

Mateus 9:14-15, NVI *"Então os discípulos de João vieram perguntar-lhe: 'Por que nós e os fariseus jejuamos, mas os teus discípulos não?' Jesus respondeu: 'Como podem os convidados do noivo ficar de luto enquanto o noivo está com eles? Virão dias quando o noivo lhes será tirado; então jejuarão."*

Jesus jejuou antes de começar seu ministério terreno.

Matthew 4:2 (NIV) "2 After fasting forty days and forty nights, he was hungry."

Moses fasted at least twice for a period of 40 days.

Quando Moisés jejuou pela primeira vez por 40 dias e 40 noites, ele foi chamado para a nuvem sobre a Montanha de Deus. Ele esteve com Deus por 40 dias, enquanto o Senhor Deus escrevia os Mandamentos do Senhor com Seu próprio dedo nas tábuas de pedra. No segundo período de jejum, Moisés escreveu as palavras da Aliança nas tábuas de pedra. Foram dois tempos de jejum divinos, que produziram escritos de valor eterno.

Deuteronômio 9:9-10, NVI *"Quando subi o monte para receber as tábuas de pedra, as tábuas da aliança que o SENHOR tinha feito com vocês, fiquei no monte quarenta dias e quarenta noites; não comi pão, nem bebi água. O SENHOR me deu as duas tábuas de pedra escritas pelo dedo de Deus, Nelas estavam escritas todas as palavras que o SENHOR proclamou a vocês no monte, de dentro do fogo, no dia da assembleia."*

Êxodo 34:27-28, NVI *"Disse o SENHOR a Moisés: 'Escreva essas palavras; porque é de acordo com elas que faço aliança com você e Israel.' Moisés ficou ali com o SENHOR quarenta dias e* *quarenta noites, sem comer pão e sem beber água. E escreveu nas tábuas as palavras da aliança: os Dez Mandamentos."*

Davi Jejuou

De acordo com alguns de seus relatos nos Salmos, Davi jejuava regularmente.

Salmo 35:13-14, NVI *"Contudo, quando estavam doentes, usei vestes de lamento, humilhei-me com jejum e recolhi-me em oração. Saí vagueando e pranteando como por um amigo ou por um irmão. Eu me prostrei enlutado, como quem lamenta por sua mãe."*

Esdras convocou um jejum por segurança.

Esdras 8:21, NVI *"Ali, junto ao canal de Aava, proclamei jejum para que nos humilhássemos diante do nosso Deus e lhe pedíssemos uma viagem segura para nós e nossos filhos, com todos os nossos bens."*

Nehemiah called the Israelites to fasting

Nehemiah called the Israelites to fasting in the process of rebuilding the wall of Jerusalem.

Neemias 9: 1-3, NVI *"No vigésimo quarto dia do mês, os israelitas se reuniram, jejuaram. Vestiram pano de saco e puseram terra sobre a cabeça. Os que eram de ascendência israelita tinham se separado de todos os estrangeiros. Levantaram-se nos seus lugares, confessaram os seus pegados e a maldade dos seus antepassados. Ficaram onde estavam e leram o Livro da Lei do SENHOR, do seu Deus, durante três horas, e passaram outras três horas confessando os seus pecados e adorando o SENHOR, o seu Deus."*

Ester e Mardoqueu conclamaram um jejum nacional

Ester 4:15-16, NVI *"Então Ester mandou esta resposta a Mardoqueu: 'Vá reunir todos os judeus que estão em Susã, e jejuem em meu favor. Não comam nem bebam durante três dias e três noites. Eu e minhas criadas jejuaremos como vocês. Depois disso irei ao rei, ainda que seja contra a lei. Se eu tiver que morrer, morrerei."*

Joel pediu Oração e Jejum

O jejum precedeu a promessa profética do derramamento do Espírito Santo.

Deus falou com o Profeta Joel e ele chamou a Nação para um Dia de Jejum. Seu apelo para um jejum nacional foi acompanhado por um apelo por orações de penitência. Somente corações arrependidos afastariam a fúria de Deus.

Joel 1:14, AMP (tradução livre) *"Promulgai um santo jejum, convocai uma assembleia solene, congregai os anciãos, e todos os moradores desta terra, para a Casa do SENHOR, vosso Deus, e clamais ao SENHOR [em súplicas penitentes]."*

Daniel Jejuou

Daniel jejuou e Deus ouviu suas orações; respondeu-lhe, dando-lhe uma tremenda visão, compreensão, visão espiritual e sabedoria.

Daniel 9:3-6, NVI *"Por isso me voltei para o Senhor Deus com oração e súplicas, em jejum, em pano de saco e coberto de cinza. Orei ao SENHOR, o meu Deus, confessei: 'Ó! Senhor! Deus grande e temível, que manténs a Tua aliança de amor com todos aqueles que Te amam e obedecem aos Teus mandamentos; nós temos cometido pecado e somos culpados. Temos sido ímpios e rebeldes, e nos afastamos dos Teus mandamentos e das tuas leis;*

não demos ouvidos aos Teus servos, os profetas, que falaram em
Teu nome aos nossos reis, aos nossos líderes e aos nossos antepassados, e a todo o Teu povo."

Percepção e Entendimento vêm por meio de jejum oração.

Ainda durante o período do jejum de Daniel, Deus enviou Seu Anjo com uma mensagem e com percepção e entendimento. Leia o capítulo inteiro para uma apreciação mais profunda.

Daniel. 9:21-23, NVI *"Enquanto eu ainda estava em oração, Gabriel, o homem que eu tinha visto na visão anterior, veio voando rapidamente para onde eu estava, à hora do sacrifício da tarde. Ele me instruiu e me disse: 'Daniel, agora vim para dar a você percepção e entendimento. Assim que você começou a orar, houve uma resposta, que eu trouxe a você porque você é muito amado. Por isso, preste atenção à mensagem para entender a visão.'"*

No momento em que começamos a jejuar e orar, Deus inicia o processo de ajudar, orientar, responder e dirigir. Quero encorajá-lo a jejuar e a orar regularmente.

Existem muitos exemplos de jejum e oração em toda a Bíblia. Tenho certeza de que o Senhor usará essa semente em seu desenvolvimento espiritual para fazer com que cresça e se torne um homem ou mulher muito útil para Deus.

Samuel jejuou num ato de arrependimento

1 Samuel 7:6, NVI *"Quando eles se reuniram em Mispá, tiraram água e a derramaram perante o SENHOR. Naquele dia jejuaram e ali disseram: 'Temos pecado contra o SENHOR'. E foi em Mispá que Samuel liderou os israelitas como juiz."*

Isaías nos dá aquele maravilhoso capítulo 58, dedicado ao jejum.

Jeremias se refere ao jejum como parte das disciplinas que eram praticadas pelo povo de Israel em Jeremias 36.

A Igreja em Antioquia jejuou e orou antes de enviar Paulo e Barnabé em missão.

Atos 13:2-3, NVI *"Enquanto adoravam o Senhor e jejuavam, disse o Espírito Santo: 'Separem-Me Barnabé e Saulo para a obra a que os tenho chamado'. Assim, depois de jejuar e orar, impuseram-lhes as mãos e os enviaram."*

Atos 14:23, NVI *"Paulo e Barnabé designaram-lhe presbíteros em cada igreja; tendo orado e jejuado, eles os encomendaram ao Senhor, em quem haviam confiado."*

O jejum é uma forma de adoração

A profetisa Ana, como parte de seu culto a Deus no Templo, jejuava e orava.

Lucas 2:36-37, NVI *"Estava ali a profetisa Ana, filha de Fanuel, da tribo de Aser. Era muito idosa; tinha vivido com seu marido sete anos depois de se casar e então permanecera viúva até a idade de oitenta e quatro anos. Nunca deixava o templo: adorava a Deus jejuando e orando dia e noite."*

Alguns conselhos práticos

Eu descobri que os primeiros dias são sempre os mais difíceis. Os obstáculos típicos que você enfrentará serão físicos, mentais e espirituais. Fisicamente, você poderá sentir dores de cabeça, dependendo de como você se desintoxicou antes do período de jejum e oração. Você pode sentir dores no corpo, nos músculos e cólicas devido à fome. Tente neutralizar isso bebendo muita água; isso certamente o ajudará a superar a pior fase. Evite beber medicamentos durante jejuns regulares e completos, se possível. A medicação afetará negativamente o sistema digestivo e renal.

Um dos seus maiores desafios será a sua mente. Durante os primeiros dias de um longo jejum, você descobrirá que há um questionamento constante deste caminho para obter aquilo que você está confiando em Deus. O inimigo estará trabalhando fortemente durante este tempo para impedi-lo de continuar, já que ele sabe que você ganhará poder sobre toda a artimanha do inimigo por meio de seu jejum e sua oração.

O melhor conselho que posso lhe dar para o início é que você consiga um mentor para guiá-lo e caminhar ao seu lado, quando fizer um jejum prolongado. Ele ou ela servirá como um porto seguro e o ajudará durante a investida do inimigo à sua mente, alma ou corpo. Não deixe de encontrar um mentor experiente.

Considerações finais sobre o jejum

Lembre-se, quando jejuamos nos engajamos de certa forma em uma batalha espiritual e às vezes, por causa da fraqueza que experimentamos com nosso jejum, lutamos para discernir entre o que é real e o que é espiritual. Somente depois de romper esta barreira é que conseguimos discernir com clareza e foco. Através de jejum e oração, nosso senso espiritual e nossa atenção se tornam mais definidos e sensíveis, mas lembre-se, foi ao final dos 40 dias que Satanás veio para tentar Jesus. Esteja alerta à sedução e aos truques dele para roubar a sua alegria, colheita e realização daquilo pelo qual você está jejuando. Que o Senhor esteja com você durante o seu período de jejum e oração.

PARTE II
VALORES DO REINO DE DEUS

2
PERDÃO

Definição:

perdão é a capacidade de liberar permanentemente aqueles que lhe fizeram mal, e tratar os infratores como se eles nunca tivessem feito nada para machucá-lo ou prejudicá-lo.

Escrituras:

"Perdoa as nossas dívidas, **assim como nós perdoamos aos nossos devedores.**"

> Mateus 6:14-15, NVI; Colossenses 3:13 NVI; Mateus 18:21-22, NVI

Característica Explicada:

O perdão é um dos valores mais fortes do mundo. Ele detém o poder da saúde e da cura, mas também da morte e da destruição. O perdão é definido pela nossa capacidade de deixar passar uma ofensa, uma dor que nos causaram ou um mal que nos foi feito. É aquele ato constante de perdoar os outros. É a extensão da graça compassiva àqueles que nos magoam, abusam de nós e nos causam dor. O perdão é definido por ser misericordioso, compreensivo, tolerante e piedoso. É à luz de nossa dependência e apreço pelo perdão de Deus que somos capacitados a perdoar liberalmente. A chave para receber e ser perdoado está em nossas mãos.

Aplicação Prática:

Nós nos enchemos de graça e misericórdia para perdoar todas as ofensas levantadas contra nós todas as manhãs. O que Jesus nos ensinou foi perdoar **"setenta vezes sete vezes ao dia"**. Se o padrão de "setenta vezes sete vezes" for mantido em nossas vidas, acredito que seremos um povo muito perdoador e um verdadeiro exemplo de seguidores de Jesus. Mesmo em circunstâncias extremas, encontramos o exemplo de Jesus e Seus discípulos dando testemunho desse valor em suas vidas. As palavras: "Pai, perdoa-lhes, pois não sabem o que estão fazendo", servem de testemunho e exemplo para seguirmos. Que possamos perdoar frequentemente, de boa vontade e livremente. Lembro-me desse valor em minha vida todas as manhãs quando me curvo para orar o "Pai Nosso".

Que essa oração, especialmente a parte *"perdoa as nossas dívidas assim como nós perdoamos os nossos devedores"*, encontre morada permanente em nossas ações e negociações com os outros, todos os dias. Que nossas atitudes e ações sejam testemunhas de nosso sincero perdão aos outros.

3

O INVESTIDOR DO REINO DE DEUS

Definição:

Um investidor do Reino de Deus é alguém que valoriza o Reino de Deus acima das coisas terrenas e para demonstrar esse valor, coloca seus tesouros no Reino de Deus.

Escrituras:

Mateus 6:19-21, NVI *"Não acumulem para vocês tesouros na terra, onde a traça e a ferrugem destroem e onde os ladrões arrombam e furtam. Mas acumulem para vocês tesouros nos céus, onde a traça e a ferrugem não destroem e os ladrões não furtam. Pois onde estiver o seu tesouro, aí também estará o seu coração."*

Atos 2:44-45, NVI; Atos 3:32; 2 Coríntios 9:6, NVI; 2 Coríntios 9:7-8; NVI, 2 Coríntios 9:10-11; NVI

Característica Explicada:

O princípio da semeadura e da colheita é o ponto central deste valor. **O que semeamos, colhemos.** O melhor lugar para semearmos é no Reino de Deus. **Os primeiros cristãos valorizavam verdadeiramente os ensinamentos do Senhor Jesus, não armazenando para si mesmos tesouros na Terra.** Seus tesouros foram semeados no Reino de Deus e, portanto, conforme as Escrituras, seus corações também estavam lá. Nunca deixa de me surpreender ver onde está o coração das pessoas, como elas valorizam o Reino de Deus em relação a como o valorizam com seus tesouros. Os investimentos feitos na obra de Deus refletem como valorizamos o trabalho de Deus, e como valorizamos o fato de nos ter sido confiada uma semente.

Aplicação Prática:

Valorizamos o Reino de Deus quando colocamos nossos rendimentos com o coração voluntário e alegre dentro da Igreja.
   Como fazer isso?

1. Honrando a Deus com nossos dízimos (dez por cento) de toda a nossa renda.
2. Oferecendo a Ele uma oferta de sacrifício dos noventa por cento restantes de nossa renda, assim como, obedientemente, apresentando a nossos governos parte de nossa renda como imposto, conforme nos é exigido.
3. Semeando na obra de Deus, apoiando missionários, orfanatos e os pobres. Este último item deve ser feito em segredo, de forma que outros não possam ver.

4

MENTE VOLTADA PARA DEUS

Definição:

Ter a mente voltada para Deus significa que você pensa em Deus, em Sua Palavra e nas coisas do alto, o tempo todo. É um valor do Reino ter a mente voltada para Deus.

Escrituras:

Mateus 6:24, NVI (grifo do autor) *"Ninguém pode servir a dois senhores; pois odiará um e amará o outro, ou se dedicará a um e desprezará o outro. **Vocês não podem servir a Deus e ao Dinheiro**".*

Colossenses 3:1-2, NVI; Romanos 8:5, NVI; Salmos 1:2, NVI; Deuteronômio 6:4-9, NVI

Característica Explicada:

Ter a mente voltada para Deus é ter como objetivo único Deus, e as coisas de Deus. Desde as primeiras relações com o homem, Deus sempre expressou Seu desejo; ordenou que Ele estivesse no centro de nossos pensamentos, ações e deliberações. Ele encorajou Seu povo a amá-Lo de todo coração, força e entendimento. Ele queria que Seu povo falasse sobre Ele o tempo todo, e que fizesse lembretes permanentes para levar com eles. Também exortou Seu povo a escrever Seus mandamentos nas ombreiras das portas de suas casas. Ter a mente voltada para Deus é fazer todos os esforços e ações para manter o Senhor Deus na vanguarda de nossos pensamentos, ações e discurso.

Aplicação Prática:

Como colocar este valor do Reino em ação em nossas vidas? Bem, uma boa maneira de fazer isso é começar cada dia lendo e meditando na Palavra de Deus, e orando. Quando eu era criança, costumávamos memorizar versículos para apresentar na escola e na escola dominical. Esta pode ser uma boa disciplina para praticar, agora que somos mais velhos e nossa capacidade de aprendizado é muito maior: aprender um dos versos que lemos durante nosso devocional matinal e então recitá-los para nossas famílias durante nosso devocional familiar noturno.

Dessa forma, meditaremos na Palavra de Deus e manteremos a Palavra de Deus em primeiro plano em nossas mentes. Outra maneira, mais permanente, pode ser colocar versículos importantes em nossas paredes como afirmações ou objetos decorativos, mas também como versículo de declaração. Vivemos em uma época em que podemos colocar as Escrituras como protetor de tela ou como imagem de fundo em nossos relógios digitais, smartphones, tablets e computadores. O objetivo não é apenas colocar sinais externos, mas também criar maneiras pelas quais possamos ser mais fiéis a Deus em nossa vida cotidiana. Oro para que você também estabeleça tais sinais para a sua vida, a fim de manter o Senhor Deus no centro dela.

5

PRIORIZAR O REINO DE DEUS

Definição:

Sabemos que realmente colocamos o Reino de Deus como alta prioridade em nossas vidas quando procuramos colocar os valores do Reino acima dos nossos próprios valores. Valorizamos o Reino de Deus quando ele tem precedência sobre todas as decisões que tomamos.

Escrituras:

Mateus 6:33, NVI (grifo do autor) *"Busquem, pois, em primeiro lugar o Reino de Deus e a Sua justiça, e todas essas coisas serão acrescentadas a vocês."*

2 Crônicas 18:4, NVI; Mateus 6:10-13, NVI; Colossenses 3:15, NBV-P

Característica Explicada:

Priorizar o Reino de Deus significa colocar a vontade de Deus sobre a sua própria. Ter isto como um valor na vida significa procurar a orientação, a aprovação, a direção e o favor de Deus antes de tomar qualquer atitude. É sincera submissão à vontade de Deus em tudo o que fazemos. Antes de decidirmos qualquer coisa, buscamos o que Deus quer que façamos em relação àquele assunto. Isso requer desejo diário de caminhar na perfeita vontade de Deus.

Aplicação Prática:

Priorizamos o Reino de Deus quando buscamos intencionalmente a aprovação, a orientação e a instrução de Deus antes de fazer qualquer coisa. É essa a exigência diária do Senhor para que seja feita Sua vontade. É submeter todas as decisões a Deus para Sua orientação e instrução final. A paz desempenha um papel importante no conhecimento seguro de qual é a vontade de Deus em qualquer decisão.

Como fazemos isso? Submeta as suas decisões a Deus, em oração, e nos próximos dias, ao ler Sua Palavra, ou ao ouvir a voz interior do Espírito Santo, encontre Sua orientação. Você sempre terá um forte senso de paz quando se submeter à vontade de Deus.

6
INTROSPECÇÃO

Definição:

A introspecção uma autoconsciência e avaliação constante de nossa própria posição diante de Deus, permitindo assim que sejamos gentis em nossa avaliação das ações e dos atos alheios.

Escrituras:

Mateus 7:1-2, NVI *"Não julguem, para que vocês não sejam julgados. Pois da mesma forma que julgarem, vocês serão julgados; e a medida que usarem, também será usada para medir vocês."*

Mateus 7:3-5, NVI; John 8:7, NVI

Característica Explicada:

Valorizar a introspecção é avaliar primeiro a sua própria vida antes de fazer comentários ou julgamentos sobre os outros. A introspecção nos ajuda a avaliarmos equilibradamente as atitudes do nosso próximo. Ser introspectivo é ser atencioso, reflexivo e ponderado na forma que abordamos as pessoas. É abraçar aquela abordagem contemplativa e auto examinadora na vida cotidiana.

Aplicação Prática:

A pergunta que nos ajuda a ser equilibrados em todas as situações é sempre: **"Se outros tivessem que me avaliar em relação àquilo que me preocupa ou ao meu julgamento, o que diriam?"** Se houvesse a menor possibilidade de que eles viessem a julgar as minhas ações, comportamento ou modos da mesma forma, talvez eu não devesse ser o único a julgar. Jesus demonstrou isso com a mulher que foi pega em adultério. Eu me pergunto o quanto seríamos mais graciosos com os outros se realmente valorizássemos a introspecção. Que possamos sempre ser introspectivos antes de fazer comentários ou julgamentos sobre os outros.

7
PERSISTÊNCIA

Definição:

Ser persistente é viver uma vida em busca constante, sem desistir. Continuar pedindo, buscando e batendo, pois temos esta promessa. A persistência nos leva a explorar todas as possibilidades de um resultado.

Escrituras:

> **Mateus 7:7-8, NVI (grifo do autor)** *"Peçam, e será dado; busquem, e encontrarão; batam, e a porta será aberta. **Pois todo o que pede recebe; o que busca encontra; e àquele que bate, a porta será aberta.**"*

> **Lucas 18:1, NVI (grifo do autor)** A Parábola da Viúva Persistente – *"Então **Jesus contou aos Seus discípulos** uma parábola, para mostrar-lhes que eles **deviam orar sempre e nunca desanimar.**"*

Característica Explicada:

Persistência é o valor de sermos perseverantes, tenazes, perenes e incansáveis. É na aptidão interior de esperança e da fé que as coisas vão acontecer, vão dar certo, que as circunstâncias vão mudar definitivamente. A persistência se manifesta na forma como demonstramos determinação e obstinação em não ceder ou desistir. Por meio da parábola da viúva persistente, Jesus nos ensinou uma lição de busca persistente pelas coisas nas quais acreditamos e de confiar que o Senhor fará o que deve ser feito em nossa vida, sem vacilar.

Aplicação Prática:

Todos nós temos sonhos e esperanças. Infelizmente, muitos de nós desistimos de deles, como se fossem inalcançáveis. Exercitamos a persistência em nossas vidas quando começamos a ter esperança e a sonhar novamente. Comece a acreditar novamente que o impossível pode se tornar possível. Quando você confia em Deus para algo, não desista de se apegar àquela promessa, àquele versículo ou àquela mensagem de Deus. Segure-se às promessas de Deus como José, que creu em Deus e viu o cumprimento de Sua promessa para ele. Ele foi persistente e viu a realização do sonho que Deus lhe dera. Seja como Abraão que creu em Deus, embora ele e sua esposa já fossem bastante idosos.

8
CONSIDERAÇÃO

Definição:

Consideração é o valor de agirmos com atenção e cuidado, pensando antecipadamente como nossas preferências, ações, presença em certos lugares e respostas podem impactar outros.

Escrituras:

> Mateus 7:12, NVI (grifo do autor) *"Assim, em tudo, façam aos outros o que vocês querem que eles façam a vocês; pois esta é a Lei e os Profetas."*

> Filipenses 2:4; Romanos 14:13, NVI

Característica Explicada:

Ter consideração é ser atencioso, atento e cuidadoso sobre como as suas ações e palavras podem ter um impacto negativo sobre os outros.

É ser respeitoso, altruísta e bondoso, especialmente no que diz respeito à nossa relação com outras pessoas. Temos consideração quando, de antemão, consideramos intencionalmente nossas ações, palavras e reações. Ter consideração é ser contemplativo, compreensivo e solidário.

Aplicação Prática:

Temos consideração quando agimos de forma atenciosa e consciente em relação aos outros; assim como quando avaliamos honestamente nossas reações e respostas. A pergunta: *"Gostaria que os outros me tratassem da mesma maneira que estou prestes a tratar outra pessoa?"* A resposta a esta pergunta deve responder e nos mostrar o quão atenciosos realmente somos. Então, por um lado, consideração é a reflexão e ação sobre como nossa conduta, liberdades e presença podem impactar negativamente os outros; mas também como somos cuidadosos ao tratar as pessoas com o mesmo tipo de respeito e cortesia que gostaríamos que elas nos tratassem.

PARTE IV
TESTE DE ASSIMILAÇÃO

Disciplina Espiritual: Jejum

1. Jesus ensinou sobre o jejum a Seus discípulos? __Sim__ Se sim, o que Ele lhes ensinou sobre isso? Indique os versículos. __Mateus 6:16-18 e Mateus 9:14-15__

2. Que tipos de jejum encontramos na Bíblia? __Jejum completo, jejum de Daniel, também chamado de jejum parcial e o jejum regular__

3. Por quanto tempo Moisés jejuou? __40 dias__

4. Por quanto tempo Daniel jejuou? __21 dias__

. . .

5. Por quanto tempo Ester jejuou? _____3 dias_____

6. Por quanto tempo Jesus jejuou? _____40 dias_____

Valores do Reino de Deus

7. O **Perdão** é um valor do Reino. Por que o **Perdão** é um valor tão importante? _____
_____

8. Onde devemos investir nossos recursos? _____No Reino de Deus_____
_____
_____

9. Como podemos ter a mente mais voltada para Deus? _____
_____
_____
_____

10. Explique o valor *Introspecção:* _____
_____
_____
_____

11. Como você pode ter mais *Consideração?* _____
_____
_____
_____

. . .

12. O que significa ser *persistente?* _____
_____
_____

QUINTA SEMANA

PARTE I
DISCIPLINA ESPIRITUAL:MORDOMIA

1

MORDOMIA

Jesus nos ensinou sobre a disciplina espiritual da *Mordomia* em Mateus 6 versículos 2 a 4, e na Parábola dos Talentos em Mateus 25 versículos 14 a 30. Em certa ocasião, em Mateus 22 versículos 15 a 22, Ele ensinou que pagar nossos impostos faz parte da boa mordomia. Estas são, naturalmente, apenas amostras de um estudo aprofundado sobre mordomia.

> **Mateus 6:3-4, NVI** *"Mas você, quando você der esmola, que a sua mão esquerda não saiba o que está fazendo a direita, de forma que você preste a sua ajuda em segredo. E o seu Pai, que vê o que é feito em segredo, o recompensará."*

Mordomia é um ato de generosidade

Mordomia é antes de mais nada um ato de generosidade para com Deus. É a nossa maneira de honrá-Lo, devolvendo a Ele o que a Ele pertence; e dando liberalmente conforme Ele nos guia e dirige.

A boa mordomia requer generosidade. O apóstolo Paulo contatava na igreja de Corinto sobre como os macedônios eram generosos em relação a ele e ao seu ministério. Quando plantamos, devemos fazê-lo em bom solo. A obra de Deus é o melhor solo em que podemos investir nossos recursos.

> **2 Coríntios 9:6-15, NVI** "*Lembrem-se: aquele que semeia pouco também colherá pouco, e aquele que semeia com fartura também colherá fartamente. Cada um dê conforme determinou em seu coração, não com pesar ou por obrigação, pois Deus ama quem dá com alegria. E Deus é poderoso para fazer que toda a graça lhes seja acrescentada para que em todas as coisas, em todo o tempo, tendo tudo o que é necessário, vocês transbordem em toda boa obra. Como está escrito: 'Distribuiu, deu os seus bens aos necessitados; a sua justiça dura para sempre'. Aquele que supre a semente ao que semeia e o pão ao que come também lhes suprirá e multiplicará a semente e fará crescer os frutos da sua justiça. Vocês serão enriquecidos de todas as formas, para que possam ser generosos em qualquer ocasião e, por nosso intermédio, a sua generosidade resulte em ação de graças a Deus. O serviço ministerial que vocês estão realizando não está apenas suprindo as necessidades do povo de Deus, mas também transbordando em muitas expressões de gratidão a Deus. Por meio dessa prova de serviço ministerial, outros louvarão a Deus pela obediência que acompanha a confissão que vocês fazem do Evangelho de Cristo e pela generosidade de vocês em compartilhar seus bens com eles e com todos os outros. E nas orações que fazem por vocês, eles estarão cheios de amor por vocês, por causa da insuperável graça que Deus tem dado a vocês. Graças a Deus por Seu dom indescritível!*"

Que possamos ser bons mordomos na forma generosa com que entregamos a Deus e à Sua obra.

Semeando com Generosidade

Mordomia é responsabilidade

Mordomia também significa assumirmos a responsabilidade pelos talentos, dons e bênçãos que recebemos de Deus e, então, administrarmos o que nos foi confiado. Jesus explicou este valor do Reino por meio de uma parábola.

> **Mateus 25:14,20-21, NBV-P** *"O Reino dos céus pode ser ilustrado também com a história de um homem que ia para um outro país e, então, reuniu os seus servos e confiou-lhes os seus bens." [...] "O homem a quem ele tinha dado cinco talentos trouxe-lhe outros cinco e disse: 'O senhor me confiou cinco talentos. Veja! Aqui estão mais cinco'. O senhor elogiou o servo: 'Muito bem, servo bom e fiel! Você foi fiel no pouco, eu o porei sobre muito. Venha festejar com o seu senhor!"*

Tenho certeza de que a única coisa que todos gostaríamos de ouvir no retorno do nosso Mestre são as palavras: *"Muito bem, servo bom e fiel! Você foi fiel no pouco, eu o porei sobre muito. Venha festejar com o seu Senhor."* Para que possamos ter a expectativa de ouvir essas palavras, precisamos primeiro reconhecer que somos mordomos, que recebemos várias incumbências na vida, e precisamos administrar essas incumbências em nome Daquele que as deu a nós, e em segundo lugar, que Ele voltará e nos responsabilizará pelo que fizemos com o que Ele nos deu. Tudo o que temos, recebemos de Deus. Somos simplesmente pessoas abençoadas, a quem foram confiados os bens de outra pessoa.

Mordomia é dar a <u>Deus</u> e a César

Mordomia é pagar nossos impostos e honrar a Deus com nossa renda. Jesus nos ensinou a honrar a exigência de nossos governantes de pagar nossos impostos, mas também a honrar a Deus com o que Lhe pertence. **Uma parte de nossa renda pertence a Deus, e uma parte de nossa renda pertence a "César".** Pagamos "César" através do pagamento de nossos impostos, e devolvemos ao Senhor o que é

Dele, devolvendo dez por cento de toda nossa renda, e semeando na obra de Seu Reino.

> **Mateus 22:21, ARC** *Disseram-Lhe eles: De César. Então, Ele lhes disse: Dai, pois, a César o que é de César e a Deus, o que é de Deus."*

Dízimos

A primeira maneira pela qual nos distinguimos como seguidores de Jesus é devolvendo a Deus a propriedade de tudo o que possuímos. Um dos primeiros passos que damos para honrar a Deus pelo que Ele nos confiou é começar a devolver a Ele o que Lhe pertence. Dez por cento de tudo o que recebemos pertence a Deus. Jesus ensinou sobre o princípio do dízimo e o incentivou.

> **Mateus 23:23, NVI** *"Ai de vocês, mestres da lei, fariseus, hipócritas! Vocês dão o dízimo da hortelã, do endro e do cominho, mas têm negligenciado os preceitos mais importantes da lei: a justiça, a misericórdia e a fidelidade. Vocês devem praticar estas coisas, sem omitir aquelas."*

Qual a origem deste princípio?

É um princípio que Deus ensinou aos israelitas por meio das leis de Moisés, embora fosse um princípio praticado por Abraão e Jacó muito antes das Leis de Moisés serem apresentadas por Deus.

> **Levítico 27:30-32, NVI** *"Todos os dízimos da terra – seja dos cereais, seja das frutas – pertencem ao SENHOR; são consagrados ao SENHOR. Se um homem desejar resgatar parte do seu dízimo, terá que acrescentar um quinto do ao seu valor. O dízimo dos seus rebanhos, um de cada dez animais que passem debaixo da vara do pastor, será consagrado ao SENHOR."*

Quando Jesus ensinou sobre o princípio do dízimo, Ele sabia que eles usariam o fato de serem filhos de Abraão para justificar serem tão meticulosos com o dízimo; então Jesus simplesmente os lembrou de fazer o que Abraão praticava. Nós, como crentes, também somos filhos de Abraão e também devemos prestar atenção a este ensinamento de Jesus, fazendo "as coisas que Abraão fez."

> **João 8:39, NVI** *"Abraão é o nosso pai', responderam eles. Disse Jesus: 'Se vocês fossem filhos de Abraão, fariam as obras que Abraão fez".*

O que é o Dízimo?

O dízimo é dez por cento de toda a nossa renda. A quantia sobre a qual você trabalha para calcular seus impostos é a quantia sobre a qual você deve trabalhar para determinar os dez por cento que pertencem a Deus.

Aprendemos que o dízimo pertence ao Senhor. Vimos anteriormente o ensino de Jesus quando Ele nos disse em Mateus versículo 21 que devemos *"dar a César o que é de César e a Deus o que é de Deus."* Bem, dez por cento de toda a nossa renda pertence a Deus. Ao devolver dez por cento de toda a nossa renda a Deus, asseguramos Suas bênçãos sobre os restantes noventa por cento.

> **Provérbios 3:9-10, ARA** *"Honra ao SENHOR com os teus bens e com as primícias de toda a tua renda; e se encherão fartamente os teus celeiros, e transbordarão de vinho os teus lagares."*

A. Dizimar significa entregar um décimo de sua renda ao Senhor. Isso é calculado a partir do valor bruto. Se o governo usa a quantia bruta para calcular o imposto que lhes é devido, devemos adotar o mesmo procedimento para calcular a quantia que entregaremos a Deus.

B. Se você tem seu próprio negócio, não calcule o dízimo sobre o valor bruto das vendas; deduza suas despesas primeiro. O saldo será o valor sobre o qual você dizimará.

C. Alguns querem nos fazer crer que os dízimos dizem respeito apenas aos judeus sob a Lei de Moisés, mas podemos ver que Abraão pagou o dízimo e ele fez isso muito antes da Lei existir. Jacó também deu o dízimo ao Senhor.

> **Gênesis 14:18-20, ARA** *"Melquisedeque, rei de Salém, trouxe pão e vinho; era sacerdote do Deus Altíssimo; abençoou ele a Abrão e disse: Bendito seja Abrão pelo Deus Altíssimo, que possui os céus e a terra; e bendito seja o Deus Altíssimo, que entregou os teus adversários nas tuas mãos. E de tudo lhe deu Abrão o dízimo."*

> **Hebreus 7:1-4, NVI** *"Esse Melquisedeque, rei de Salém e sacerdote do Deus Altíssimo, encontrou-se com Abraão quando este voltava, depois de derrotar os reis, e o abençoou; e Abraão lhe deu o dízimo de tudo. Em primeiro lugar, seu nome significa 'rei de justiça'; depois, 'rei de Salém' que quer dizer 'rei de paz'. Sem pai, sem mãe, sem genealogia, sem princípio de dias nem fim de vida, feito semelhante ao Filho de Deus, ele permanece sacerdote para sempre. Considerem a grandeza desse homem: até mesmo o patriarca Abraão lhe deu o dízimo dos despojos!"*

> **Genesis 28:20-22, NVI** *"Então Jacó fez um voto dizendo: 'Se Deus estiver comigo, cuidar de mim nesta viagem que estou fazendo, prover-me de comida e roupa, e levar-me de volta em segurança à casa de meu pai, então o SENHOR será o meu Deus. E esta pedra que hoje coloquei como coluna servirá de santuário de Deus; e de tudo o que me deres certamente Te darei o dízimo."*

D. Israel foi instruído por Deus a pagar a décima parte e isso foi considerado santo pelo Senhor. Em Malaquias, se alguém não pagasse o seu dízimo, Deus considerava equivalente a roubar a Deus.

> **Levítico 27:30, A21** *"Também todos os dízimos da terra, quer dos*

cereais, quer do fruto das árvores, pertencem ao SENHOR; são santos ao SENHOR."

2 Crônicas 31:5, A21 *"Logo que essa ordem se divulgou, os israelitas trouxeram com fartura as primícias do trigo, vinho, azeite, mel e todo produto do campo; também trouxeram fartamente o dízimo de tudo."*

E. Jesus repreendeu os escribas e fariseus, porque eles não eram consistentes e honestos, na defesa **da justiça, da misericórdia e da fidelidade.** Por um lado, eles praticavam religiosamente a lei do dízimo, mas, no entanto, negligenciavam **a justiça, a misericórdia e a fidelidade.** Ele os admoestou a manter um padrão consistente entre a diligência com que pagavam o dízimo e a maneira como tratavam os outros. Sua menção de "não negligenciar o primeiro" foi uma referência direta ao dízimo.

Mateus 23:23, NVI *"Ai de vocês, mestres da lei, fariseus, hipócritas! Vocês dão o dízimo da hortelã, do endro e do cominho, mas têm negligenciado os preceitos mais importantes da lei: a justiça, a misericórdia e a fidelidade. Vocês devem praticar estas coisas, sem omitir aquelas."*

F. Levamos nosso dízimo ao Senhor na igreja, ou local de adoração, onde quer que nos reunamos em Sua Presença para adorá-Lo junto com outros crentes.

Malaquias 3:8-11, ARA *"Roubará o homem a Deus? Todavia, vós Me roubais e dizeis: Em que Te roubamos? Nos dízimos e nas ofertas. Com maldição sois amaldiçoados, porque a Mim Me roubais, vós, a nação toda. Trazei todos os dízimos à casa do Tesouro, para que haja mantimento na Minha casa; e provai-Me nisto, diz o SENHOR dos Exércitos, se Eu não vos abrir as janelas do céu e não derramar sobre vós bênção sem medida. Por vossa causa, repreenderei o devorador, para que não vos* *consuma o fruto da terra; a vossa vide no campo não será estéril, diz o SENHOR dos Exércitos."*

Algumas pessoas pensam que podem dividir o dízimo e dar um pouco aqui e um pouco ali, mas neste caso, a Palavra de Deus ensina explicitamente a **"trazer todos os dízimos à Casa do Tesouro"**. A Casa do Tesouro está diretamente ligada a **"Minha casa"**, ou seja, o **Local de Adoração**. Como crentes, abraçamos a Palavra de Deus como uma diretriz para que possamos viver na bênção de Deus. O dízimo é apenas uma forma de nos tornarmos bons administradores dos recursos de Deus.

> **Malaquias 3:8, ARA** *"Roubará o homem a Deus? Todavia, vós Me roubais e dizeis: Em que Te roubamos? Nos dízimos e nas ofertas.*

> **Filipenses 4:19, ARA** *"E o meu Deus, segundo a Sua riqueza em glória, há de suprir, em Cristo Jesus, cada uma de vossas necessidades."*

G. Devemos pagar nosso dízimo primeiro, antes de pagarmos a qualquer outra pessoa. Se pagarmos a Deus primeiro, Ele nos ajudará a cuidar do restante de nossas contas. Mas se esperarmos até que Tenhamos condições para pagar nosso dízimo, não teremos dinheiro suficiente para pagá-lo. É por isso que Deus diz para prová-lo, porque no papel não vai funcionar.

A matemática de Deus está muito além da nossa. Ele pode ampliar nossas finanças quando as dedicamos a Ele. Ele não apenas nos ajudará a pagar nossas contas, mas também derramará tantas bênçãos sobre nós que não haverá espaço suficiente para recebê-las.

Ofertas

Quando dizimamos, estamos devolvendo a Deus o que pertence a Ele, é, portanto, apenas o princípio da nossa doação. Nossa generosidade verdadeiramente começa quando pegamos do que nos pertence e investimos na obra de Deus. As pessoas gastam seu dinheiro e seus recursos em todos os tipos de coisas, no entanto, para nós, como crentes, investir na obra de Deus deve ser um reflexo de nossos corações. Uma das maneiras de demonstrarmos isso é por meio de nossas posses e do que fazemos com elas.

Posses

Uma das coisas a respeito das quais Jesus alertou Seus discípulos foi para serem moderados e cuidadosos em seu desejo de acumularem bens. Somos bons administradores quando preferimos armazenar para nós tesouros no Céu em vez de armazená-los na terra.

> **Mateus 6:20-21, ARA** *"Mas ajuntai para vós outros tesouros no céu, onde traça nem ferrugem corrói, onde ladrões não escavam, nem roubam; porque, onde está o teu tesouro, aí estará também o teu coração."*

Que o equilíbrio com que gastamos nossa renda e recursos realmente reflita nossa devoção e amor a Deus e Sua obra. A igreja primitiva rapidamente se tornou conhecida por sua submissão a Deus e Sua obra, por sua generosidade para com a Igreja e a obra de Deus.

> **Atos 2:44-45, NVI** *"Os que criam mantinham-se unidos e tinham tudo em comum. Vendendo suas propriedades e bens, distribuíam a cada um conforme a sua necessidade."*

> **Atos 4:32-35, NVI** *"Da multidão dos que creram, uma era a mente e um o coração. Ninguém considerava unicamente sua coisa alguma que possuísse, mas compartilhavam tudo o que tinham. Com grande poder os apóstolos continuavam a testemunhar da ressurreição do Senhor Jesus, e grandiosa graça estava sobre todos eles. Não havia pessoas necessitadas entre eles, pois o que possuíam terras ou casas as vendiam, traziam o dinheiro da*

venda e o colocavam aos pés dos apóstolos, que o distribuíam segundo a necessidade de cada um."

Ao honrar a Deus, ou semear na obra de Deus, liberamos o potencial de "colheita" por meio da semente que semeamos. A colheita é sempre muito maior em relação à semente que foi semeada. A recompensa por honrar a Deus e Sua obra também é enorme.

Pagar nossos dízimos e ofertar mantém nosso coração no Reino de Deus. Estamos investindo em nosso futuro e no futuro de nossos filhos. É preciso dinheiro para realizar qualquer negócio, e a obra de Deus não é exceção. Ele pode fazer isso sem o nosso dinheiro, mas quando damos, compartilhamos da vitória e da bênção que Deus deseja derramar sobre Seu povo. Dê com a atitude certa. É uma forma de adoração.

A Boa Mordomia

Deus quer que sejamos bons mordomos de Seus recursos, então, aqui estão algumas coisas que precisamos saber da Palavra de Deus.

A .Pague seus impostos

Deus quer que paguemos nossos impostos como bons cidadãos dos países onde Ele nos colocou.

> **Mateus 22:21, ARC** *"Disseram-Lhe eles: De César. Então, Ele lhes disse: Dai, pois, a César o que é de César e a Deus, o que é de Deus."*

Podemos não estar vivendo na época dos romanos, mas com certeza vivemos em países onde é obrigatório o pagamento de impostos. Honramos a Deus quando pagamos nossos impostos.

B. Não seja fiador de ninguém

> **Provérbios 6:1-5, ARA** *"Filho meu, se ficaste por fiador do teu*

companheiro e se te empenhaste ao estranho, estás enredado com o que dizem os teus lábios, está preso com as palavras da tua boca. Agora, pois, faze isto, filho meu, e livra-te, pois caíste nas mãos do teu companheiro: vai, prostra-te e importuna o teu companheiro; não dês sono aos teus olhos, nem repouso às tuas pálpebras, livra-te, como a gazela, da mão do caçador e, como a ave, da mão do passarinheiro,

Provérbios 11:15, ARA *"Quem fica por fiador de outrem sofrerá males, mas o que foge de o ser estará seguro."*

C. Saia das dívidas

Como um novo crente, suas finanças podem estar bastante confusas. Deus quer que saiamos das dívidas, mas isto pode levar algum tempo. Não nos metemos nessa confusão da noite para o dia, e levará tempo para endireitarmos, mas pode ser consertado com obediência à palavra de Deus e diligência.

Provérbios 22:1,7, NVI, ARA *Mais vale o bom nome do que as muitas riquezas; e o ser estimado é o melhor do que a prata e o ouro, [...] O rico domina sobre o pobre, e o que toma emprestado é servo do que empresta."*

Romanos 13:8, ARA *"A ninguém fiqueis devendo coisa alguma, exceto o amor com que vos ameis uns aos outros; pois quem ama o próximo tem cumprido a lei."*

D. Contentamento

1 Timóteo 6:6, ARA *"De fato, grande fonte de lucro é a piedade com o contentamento."*

O contentamento é um valor importantíssimo no Reino de Deus e, aliás, é um dos valores essenciais na disciplina espiritual da mordomia.

Comentários Finais

Deus quer nos abençoar para que possamos abençoar outros. Se não administrarmos nossas finanças, nunca seremos capazes de ajudar os outros. Há muito conhecimento na Bíblia sobre gerenciamento de dinheiro. Precisamos ser responsáveis por pagar nossas contas, ter um bom nome e não ser preguiçosos. Não viva além de suas posses nem gaste mais do que ganha. Aprenda a se contentar e esperar até que você possa para comprar aquilo que deseja.

Deus deseja abençoar suas finanças

Deus tem um plano, um plano abençoado, para cada um de nós. Uma das formas pelas quais Ele quer nos abençoar é através de nossas finanças.

> **Jeremias 29:11, NVI** *"Porque sou Eu que conheço os planos que tenho para vocês', diz o SENHOR, 'planos de fazê-los prosperar e não de causar dano, planos de dar a vocês esperança e um futuro."*

PARTE II
VALORES DO REINO DE DEUS

2

SER CONSERVADOR

Definição:

Ser conservador é escolher viver mais cuidadosamente do que liberalmente. É fazer escolhas cautelosas e moderadas dentro das diretrizes da Bíblia. É preferível errar por ser conservador demais a se permitir liberdades que podem ser desaprovadas por Deus.

Escrituras:

> Mateus 7:13-14, NVI *"Entrem pela porta estreita, pois larga é a porta e amplo o caminho que leva à perdição, e são muitos os que entram por ela. Como é estreita a porta, e apertado o caminho que leva à vida! São poucos os que a encontram!"*

> Mateus 5:28-29, NVI; 1 Coríntios 10:23-24, 31-33, NVI; Colossenses 3:17, NVI

Característica Explicada:

A Bíblia é um manual para uma vida conservadora e cautelosa. Quando consideramos as muitas leis e mandamentos que Deus deu a Seu povo, observamos que são regras e diretrizes para uma vida vivida desta forma. Em primeiro lugar, aplicamos a Palavra de Deus às nossas ações e reações e, em seguida, consideramos como isso pode impactar os outros; e então também consideramos como os outros podem ler o nosso comportamento, mas acima de tudo, como Deus vê o nosso comportamento.

Aplicação Prática:

Os versículos, apenas alguns que citamos como exemplos que incentivam um estilo de vida conservador, direcionam nossa atenção para que tomemos decisões, mais para o lado conservador do que para o lado liberal da vida. As Escrituras nos ensinam claramente a sermos moderados em nossas liberdades, especialmente porque podem afetar ou impactar negativamente uma pessoa mais fraca em sua fé. Oro para que Deus nos ajude a valorizar ser conservadores mais do que ser vistos como liberais, de mente aberta. É um valor no Reino de Deus ser intencionalmente mais conservador do que liberal.

3
GERAR FRUTOS

Definição:

Ser frutífero é tanto exibir a mudança que Cristo trouxe para a sua própria vida, como levar outras pessoas a segui-Lo com sucesso, de forma consistente e duradoura.

Escrituras:

Mateus 7:16-18, NVI *"Vocês os reconhecerão por seus frutos. Pode alguém colher uvas de um espinheiro ou figos de ervas daninhas? Semelhantemente, toda árvore boa dá frutos bons, mas a árvore ruim dá frutos ruins. A árvore boa não pode dar frutos ruins, nem a árvore ruim pode dar frutos bons."*

Mateus 12:33, NVI; Mateus 13:23, NVI; Mateus 21:43, NVI

Característica Explicada:

Uma das maneiras mais poderosas de mostrarmos e comprovarmos nossa legitimidade como Filhos de Deus, que se converteram de seus maus caminhos ao Deus vivo, é mostrando os frutos de vidas transformadas. É também a capacidade de gerar frutos segundo o nosso eu renovado. Podemos dizer às pessoas tudo que quisermos, mas o que elas realmente ouvem e aprendem é o que demonstramos com nossas vidas.

Aplicação Prática:

A melhor maneira de exercitarmos este valor do Reino é considerarmos diariamente o milagre da salvação e do novo nascimento. Quando consideramos a obra de Deus em nós, não podemos deixar de ficar cheios de uma profunda apreciação por Seu maravilhoso trabalho de recriação e renovação. Este lembrete diário vai nos inspirar a viver segundo a nova natureza de Deus em nós. Quando nascemos de novo, tornamo-nos um em espírito com Deus. Nós nascemos do Espírito Santo. É a natureza do Espírito Santo em nós que deve ser vivida e vista por todos ao nosso redor. Se Ele nos dirige e governa, então Ele fará com que produzamos frutos eternos. Faça com que gerar bons frutos seja a sua ambição de vida.

4

PRATICANTES

Definição:

P raticantes da Palavra mostram que valorizam o Reino de Deus por realmente a seguirem. Jesus valoriza os praticantes, aqueles que vivem, na prática, o que Ele ensina.

Escrituras:

Mateus 7:24, NVI *"Portanto, quem ouve estas Minhas palavras e as pratica é como um homem prudente que construiu a sua casa sobre a rocha."*

João 14:23, NVI; Tiago 1:22, NVI; Romanos 2:13, NVI; Lucas 6:47-49, NVI; Lucas 8:21, NVI; Filipenses 4:9, NVI

Característica Explicada:

Da maneira como Jesus nos ensinou, não podemos deixar de aspirar por esse valor em nossas vidas. Quem não quer ser visto como um homem sábio? Quem de nós quer ser visto como um insensato? Nenhum de nós quer ser visto como um tolo. É muito importante que coloquemos em prática os ensinamentos de Jesus, ao invés de simplesmente ouvi-los, falar sobre eles ou dizer às outras pessoas que os pratiquem.

Aplicação Prática:

Mostramos que damos valor à Palavra de Deus quando consideramos diariamente como podemos colocá-la em prática em nossa vida, a partir de nossos devocionais matinais. O Senhor se deleita naqueles que põem em prática a Sua Palavra. Dedique um tempo todas as manhãs para pensar como você pode colocar Seus ensinamentos em prática.

Pense em maneiras de como incorporá-los ao modo como você fala, às coisas que faz, às ações que poderia realizar, ou a certas situações nas quais poderia e deveria agir. Mostramos nosso amor a Cristo quando fazemos tudo o que Ele nos pede. A obediência é vista na forma como colocamos em prática os ensinamentos de Jesus.

5
PRESTAÇÃO DE CONTAS

Definição:

A prestação de contas é o valor de vivermos de forma responsável por nossas ações, atos e palavras, tanto para com o homem como para com Deus. A prestação de contas é definida quando assumimos a responsabilidade por nossas ações e palavras.

Escrituras:

Mateus 12:36, NVI *"Mas Eu digo que, no dia do juízo, os homens haverão de dar conta de toda palavra inútil que tiverem falado,"*

Romanos 14:12, NVI. *"Assim um de nós prestará conta de si mesmo a Deus"*

Hebreus 4:13, NVI; 1 Pedro 4:5, NVI; Colossenses 6:6, NVI

Característica Explicada:

Ser capaz de prestar contas é uma das qualidades essenciais de uma pessoa madura. **Significa ser capaz de assumir responsabilidade por suas próprias ações;** que a pessoa é confiável, assume compromissos e obrigações.

Aplicação Prática:

Deus deseja que sejamos responsáveis por tudo que fazemos. Tomar decisões com base no fato de que você assume a responsabilidade pelo que diz e faz mostra que você se tornou confiável. É fácil passar a responsabilidade ou transferir a culpa quando as coisas dão errado, no entanto, é um valor no Reino de Deus assumir a responsabilidade quando for necessário. Muitas pessoas vivem suas vidas negando sua responsabilidade por sua situação ou culpando os outros por tudo que lhes acontece. Elas culpam os outros por suas ações, seu comportamento e a maneira como reagem, mas Deus quer que sejamos responsáveis por nossas próprias ações, não apenas em relação aos outros, mas também no que se refere a Deus.

6

VIVER PELA FÉ

Definição:

A fé acredita além da prova. Fé é fazer coisas por causa do que se crê ser verdade. Fé é agir simplesmente porque Deus disse que deveríamos ou poderíamos. Nossas ações fluem daquilo em que realmente acreditamos.

Escrituras:

Mateus 17:20, NVI *"Ele respondeu: 'Porque a fé que vocês têm é pequena. Eu asseguro que, se vocês tiverem fé do tamanho de um grão de mostarda, poderão dizer a este monte: Vá daqui para lá, e ele irá. Nada será impossível para vocês."*

Romanos 1:17, NVI *"Porque no evangelho é revelada a justiça de Deus, uma justiça que do princípio ao fim é pela fé, como está escrito: 'O justo viverá pela fé'.*

Hebreus 11:1, NVI *"Ora, a fé é a certeza daquilo que esperamos e a prova das coisas que não vemos."*

Característica Explicada:

Ter fé é aquela capacidade de viver com esperança, segurança e confiança de que o futuro é bom e de que tudo vai dar certo. É aquela confiança tranquila que se deposita em alguém ou algo. É ter forte convicção no que se acredita, e a expressamos por meio de nossa lealdade, compromisso e devoção.

Aplicação Prática:

Como crentes, damos expressão à forte fé que temos no Deus Triúno, que sustentamos cada situação com esperança e certeza de que Deus está no controle e que Sua vontade será feita. Crentes são pessoas leais. Expressamos nossa fé por meio de nosso compromisso leal e devoção aos ensinamentos de Cristo. Somos pessoas em quem as outras podem confiar. Somos confiantes e expressamos nossa convicção na Soberania do Deus Todo-Poderoso em tudo que porventura venhamos a enfrentar e passar. **Estamos sempre cheios de esperança, de fé, somos sempre confiantes, comprometidos e leais.**

7

COMO CRIANÇAS

Definição:

Ser como crianças é ter a atitude do coração de humildade para com Deus, é ser simplesmente obediente em suas ações. Aqueles que valorizam esta característica tomam as Palavras do Senhor Jesus literalmente e as praticam sem tentar dissecá-las ou interpretá-las. Eles simplesmente fazem o que é pedido.

Escrituras:

> **Mateus 18:3-5, NVI** *"e disse: 'Eu asseguro que, a não ser que vocês se convertam e se tornem como crianças, jamais entrarão no Reino dos céus, Portanto, quem se faz humilde como esta criança, este é o maior no Reino dos céus. quem recebe uma destas crianças em Meu nome, está me recebendo".*

Característica Explicada:

Este valor se caracteriza pela simples fé, obediência e semelhança da pureza de uma criança. Jesus explicou este valor ao definir o que ele requer; que é preciso humildade para entrar no Reino de Deus. Jesus veio para nos ensinar sobre o Reino dos Céus. Sempre que ouvimos a palavra *reino*, temos um rei e seu reino. Nenhuma ideia popularizada e democraticamente determinada é bem-vinda no Reino de Deus. É preciso ter fé pura e confiança para acreditar que o Jesus ensinou algo bem pensado e que Sua intenção é a melhor para nós. Ser como crianças é decidir confiar no julgamento e determinação do Senhor como sendo final e conclusivo.

Aplicação Prática:

Agimos e valorizamos ser como crianças quando exercitamos a fé pura e a confiança para colocar em prática as palavras de Jesus em nossas vidas. Nunca deixo de me surpreender como certas culturas são fortes em todo o mundo, simplesmente por sua fé como a das crianças em questões da vida diária. O maior avanço do Evangelho aparece entre aqueles que ainda são movidos pelas instruções simples do Senhor. Eles agem e fazem sem questionar ou duvidar da orientação e instrução do Senhor.

> **Marcos 16:18, NVI** *"Pegarão em serpentes; e, se beberem algum veneno mortal, não lhes fará mal nenhum; imporão as mãos sobre os doentes, e estes ficarão curados."*

Cresci com a fé como a das crianças. Meu pai citava Marcos 16:18 cada vez que orava por nós quando não nos sentíamos bem. Tínhamos a fé infantil para crer que a Bíblia dizia a verdade e receberíamos a nossa cura, pois nosso pai agia de acordo com a Palavra de Deus. Que possamos agregar esse valor às nossas vidas.

8

UNIDADE

Definição:

Expressamos unidade por meio de uma atitude de coração que deseja trabalhar em conjunto com outros e procura encontrar consenso e cooperação em nome de Cristo.

Escrituras:

Mateus 18:19, NVI *"Também digo que, se dois de vocês concordarem na terra em qualquer assunto sobre o qual pedirem, isso será feito a vocês por Meu Pai que está nos céus."*

João 21:20-23, NVI; Atos 4:32, NVI; 1 Coríntios 1:10, NVI; Salmos 133:1 e 3, NVI; Amós 3:3, NVI

Característica Explicada:

Declarações sobre unidade são frequentes no Novo testamento. Deus deseja que Seus filhos vivam em paz e em harmonia uns com os outros, que sejamos UM. Ele quer que as pessoas venham a acreditar em Deus, a colocar a sua fé Nele, por meio de nós, de nosso testemunho de vida em unidade e concordância uns com os outros. Unidade, cooperação e concordância estão no coração daqueles que pertencem ao Reino de Deus. Nascem da nossa humildade para fazer avançar os propósitos e os desejos do nosso Rei. O próprio cerne do nosso relacionamento com o Deus Triúno é estabelecido através da relação de aliança que estabelecemos por meio do Sangue de Jesus. Nossa unidade é definida por nosso relacionamento de aliança com Deus. Cada vez que participamos da mesa do Senhor, afirmamos nosso acordo, nosso relacionamento de aliança com Deus.

Aplicação Prática:

Somos o Corpo de Cristo e a unidade é de vital importância para nossa saúde e sustento. Como expressão de nossa relação de pacto com Deus através do Sangue derramado de Jesus, sempre trabalhamos para o melhor para os nossos parceiros de aliança. Vivemos em uma época em que o individualismo é incentivado, no entanto, no Reino de Deus o consenso e a unidade são valorizados e recompensados. É uma característica que fala alto a todos os corações quando observamos as pessoas deixarem de lado seus próprios desejos e preferências para trabalharem em prol de algo que construa colaboração e unidade.

Unidade é o que Deus deseja. Como filhos de Deus, mostramos nossos valores do Reino quando abertamente colocamos de lado nossas próprias preferências em favor daquilo que trará concordância e unidade. Tome providências todos os dias para trabalhar em conjunto com outros. Aproveite para pôr de lado seus desejos e vontades e esteja disposto a construir unidade onde quer que você trabalhe. O nível de unidade determina o nível de impacto que temos neste mundo. Deus concede Sua bênção onde há unidade e harmonia.

PARTE III
TESTE DE ASSIMILAÇÃO

Disciplina Espiritual: Mordomia

1. Complete a frase: <u>A boa administração requer</u> _____
2. Complete a frase: <u>Mordomia é sobre ser</u> _____ <u>a Deus.</u>
_____

3. A mordomia consiste em entregar a César o que é de César e a Deus o que é de Deus. O que isto significa para você? <u>Dez por cento de toda minha renda pertence a Deus, e precisa ser devolvida a Ele como bons administradores do que nos foi confiado.</u>

4. O que é o dízimo? <u>O dízimo é 10% de toda a minha renda</u>

5. <u>Cite quatro coisas que nos definem como bons administradores dos recursos que Deus nos deu. – 1. Pagar nossos impostos, 2. Não assinar fiança, 3. Sair de dívidas e 4. Estar satisfeitos.</u>

Valores do Reino de Deus

6. O que significa o valor *"Ser Conservador"*? <u>É escolher a "estrada</u>

estreita". É a fazer escolhas cuidadosas e conservadoras dentro das diretrizes da Bíblia.

7. "Gerar frutos" é um valor do Reino. Por que se espera que geremos frutos? Isso mostra a saúde de nosso relacionamento com Deus e O honra.

8. Quais versículos lhe falam mais sobre ser um "Praticante"? Mateus 7:24; João 14:23; Tiago 1:22; Romanos 2:13; Lucas 6:47-49; Lucas 8:21; Filipenses 4:9.

9. Como você pode ser mais responsável?

10. O que significa viver pela fé?

SEXTA SEMANA

PARTE I
DISCIPLINA ESPIRITUAL:ADORAÇÃO

1
ADORAÇÃO

Jesus ensinou a Seus discípulos **a disciplina espiritual da adoração**. A primeira parte da *"Oração do Pai Nosso"* se dedica a *"Santificar Nosso Pai Celestial"*. No Evangelho de João, Ele nos ensina que o Pai está **"procurando adoradores"**. A adoração nunca foi, e nunca deve ser confinada ao que fazemos durante nosso tempo de louvor em nossos cultos semanais na igreja. Adoração é o que fazemos em um tempo que devemos reservar diariamente, intencionalmente, para adorar a Deus em particular e em grupo.

"A adoração é a disciplina espiritual de dedicar tempo à comunhão com o Pai, Seu Filho e o Espírito Santo; em amá-Lo e adorá-Lo de todo o nosso coração, toda a nossa alma e força."

Jesus nos ensinou que a adoração é importante. Deus habita nos louvores de Seu povo. O Primeiro mandamento é *"Ame o SENHOR, o seu Deus, de todo o seu coração, de toda a sua alma e de todas as tuas forças"*. Que melhor maneira há de expressar o seu amor ao Senhor do que dedicar tempo para adorá-Lo diariamente?

João 4:23-24, ARC*"Mas a hora vem, e agora é, em que os verda-*

deiros adoradores adorarão o Pai em espírito e em verdade, porque o Pai procura a tais que assim O adorem. Deus é Espírito, e importa que os que O adoram O adorem em espírito e em verdade."

Marcos 12:29-30, ARC *"E Jesus respondeu-lhe: O primeiro de todos os mandamentos é: Ouve, Israel, o Senhor, nosso Deus, é o único Senhor. Amarás, pois, ao Senhor, teu Deus, de todo o teu entendimento, e de todas as tuas forças; este é o primeiro mandamento.*

Isaías 40:31, ARC *"Mas os que esperam no SENHOR renovarão as suas forças e subirão com asas como águias; correrão e não se cansarão, caminharão e não se fatigarão."*

A prática da oração é comum a todas as religiões.

Uma das disciplinas espirituais mais profundas praticadas por todos os credos é a de dedicar tempo à adoração e orar diariamente. Sempre que se entra na casa de um hindu, por exemplo, vê-se um altar onde eles adoram seus deuses e oferecem suas orações. Da mesma forma, sempre que entrarmos na casa de um budista ou de um muçulmano, encontraremos um lugar dedicado à oração e ao culto.

Como cristãos, nós também devemos reservar tempo para ter comunhão com o Pai, o Filho e o Espírito Santo. A Igreja primitiva praticava a disciplina da comunhão e da adoração diariamente.

1 João 1:3, NVI *"Proclamamos o que vimos e ouvimos para que vocês também tenham comunhão conosco. Nossa comunhão é com o Pai e com Seu Filho Jesus Cristo."*

Atos 2:42, NVI (grifo do autor) *"Eles se dedicavam ao ensino dos apóstolos e à comunhão, ao partir do pão e às <u>orações</u>."*

A disciplina espiritual da ADORAÇÃO é praticada quando, diariamente, reservamos tempo para adorar a Deus e termos comunhão com o Deus Triúno.

A adoração é o ato de <u>auto rendição</u>, bem como um tempo de louvor ao Deus Todo-Poderoso.

Definindo o significado de Adoração

A adoração ao Senhor, em um sentido simples, pode ser melhor descrita como **"uma entrega silenciosa da alma a Deus, e ao amor a Deus."** Muitos grandes homens e mulheres de oração compartilharam, ao longo dos anos, enorme sabedoria sobre adoração e oração.

F. W. Robertson disse:
"A vida é mais sagrada quando há menos petição e desejo, e mais de esperar em Deus; quando a petição mais frequentemente se transforma em ação de graças. Ore até que a oração o faça esquecer de seus próprios desejos, os faça abandoná-los ou fundi-los com a vontade de Deus."

A adoração é um tempo em que <u>nos rendemos</u> diante de Deus.

Penso que a maior adoração que podemos ofertar a Deus é nos entregarmos totalmente a Ele. A rendição a Ele através da adoração e do louvor expressamos o quanto O adoramos. Através da submissão nos humilhamos, e essa é uma das maiores expressões de adoração a Deus.

Tiago 4:7, NVI (grifo do autor) *"Portanto, <u>submetam-se</u> a Deus. Resistam ao diabo, e ele fugirá de vocês."*

Tiago 4:10, NVI (grifo do autor) *"<u>Humilhem-se</u> diante do senhor, e ele os exaltará"*

Há um século, David McIntyre escreveu:
"Quando a oração sobe ao seu nível mais verdadeiro, vem o ego, com

suas preocupações e necessidades esquecidas no tempo e nos interesses de Cristo, e às vezes com elas, sobrecarrega as nossas almas. É então que a oração se torna mais urgente e intensa".

Adoração não é apenas louvor ou ação de graças, embora a eles esteja intimamente relacionada e normalmente deles flua diretamente. Na verdade, muitas vezes nosso tempo de louvor se sobrepõe à adoração.

Adoramos melhor quando estamos gratos

Tenho percebido, ao longo dos anos, que de um coração agradecido (ação de graças) segue-se o louvor a Deus, resultando em um tempo de profunda adoração. O louvor pode ser melhor descrito como um foco vocal sobre a natureza e o amor de Deus; e a adoração **como um foco silencioso sobre estar próximo e íntimo Dele.**

A adoração toma tempo. Leva tempo para entrar em adoração profunda. Devemos, portanto, reservar tempo suficiente em nossa programação diária para **"esperar no Senhor"**, **'renovar nossas forças"**, e simplesmente louvá-Lo e adorá-Lo. Às vezes, a ADORAÇÃO resulta do meu tempo de ESPERA e outras vezes meu tempo de ESPERA resulta em um tempo significativo de profunda ADORAÇÃO.

Adoração requer tempo

Temos um bom relacionamento quando dedicamos o nosso tempo. TEMPO é o fator chave para adorar e estar em comunhão com Deus. Quando separamos um tempo de nossas atividades para passá-lo com o Deus vivo, isso traz tamanha transformação em nossas vidas que realizamos mais no tempo disponível. Descobri que entrar naquele lugar de adoração tornou-se mais frequente e mais rápido, com o passar dos anos, do que quando comecei a buscar a presença de Deus nos primeiros anos de minha caminhada com Ele.

Foco Silencioso

Talvez um exemplo de vida conjugal possa ajudar a ilustrar este ponto. Todos os dias, e com bastante frequência, eu digo à minha esposa: "**Eu te amo**". Esta é uma expressão de meu amor e adoração em palavras. Contudo, há momentos em que a tomo em meus braços e simplesmente a seguro perto de mim. Este é um momento silencioso de adoração. É verdade que posso usar esses momentos para verbalizar meu amor dizendo algo como "**Eu te amo**" ou "**Obrigado por tudo**". No entanto, o foco real nesses momentos é simplesmente estar junto.

Da mesma forma, a oração precisa desses momentos de partilha silenciosa. Sem esta intimidade espiritual com Deus, a oração seria superficial.

Foco Sobrenatural

A verdadeira adoração deve começar não com um pedido, mas com o foco no relacionamento. Pedir deve vir mais tarde. Verdadeira amizade significa compartilhar: recursos compartilhados, vidas compartilhadas, tempo compartilhado. Tal deve ser nosso desejo com Deus em oração e adoração. Devemos buscar, simplesmente, estar com Ele.

Andrew Murray escreveu:

"Aquele que em oração não tem tempo em quietude de alma, para em plena consciência de seu significado, poder dizer Abba, Pai, perdeu a melhor parte da oração."

Em grande parte, nosso tempo de espera em Deus pode ser chamado de "**adoração sem palavras**". É um caso de amor espiritual, uma união sobrenatural.

A oração é algo mais profundo do que as palavras. Ela esteve presente na alma muito antes de ter sido formulada em palavras. E permanece na alma muito tempo depois das últimas palavras da oração terem passado por nossos lábios.

A adoração nos prepara para um tempo significativo de oração.

A adoração e a espera na presença de Deus nos preparam para tudo o que se seguirá num tempo significativo de oração.

"O orvalho cai mais abundantemente quando os ventos noturnos são suaves".

A adoração é um tempo para cultuar

Oro para que você: 1. Escolha um lugar, como seu quarto, escritório ou varanda, onde poderá dedicar um tempo para orar e adorar a Deus. Neste lugar, você terá comunhão com Deus; e 2. Reserve um tempo exclusivo para orar, porém, mais do que um tempo para pedir ou peticionar, que seja um tempo de adoração a Deus, de todo o seu coração, de toda a sua alma, força e entendimento.

Lucas 11:2-3, ARC *"E Ele lhes disse: Quando orardes, dizei: Pai, santificado seja o Teu nome; venha o Teu Reino; dá-nos cada dia o nosso pão cotidiano".*

A adoração precede a oração profunda e significativa.

Para um encontro duradouro com o Deus Todo-Poderoso, precisamos reservar um tempo no início de nosso tempo diário com Deus para adorá-Lo. A adoração é um tempo para cultuar nosso Pai Celestial por quem Ele é e o que Ele significa. Uma maneira muito prática é usar os nomes de Deus, junto dos quais expressamos nossa adoração.

Isaías 9:6, NVI *"Porque um menino nos nasceu, um filho nos foi dado, e o governo está sobre os seus ombros. E ele será chamado*

Maravilhoso Conselheiro, Deus Poderosos, Pai Eterno, Príncipe da Paz."

JEOVÁ-SHALOM

Jeová-Shalom, Ele é a nossa Paz, Ele nos faz descansar. Ele nos leva a um lugar de contentamento.

> **Isaías 53:5, ARC** "*Mas Ele foi ferido pelas nossas transgressões e moído pelas nossas iniquidades; o castigo que nos traz a paz estava sobre Ele, e, pelas Suas pisaduras, fomos sarados.*"

> **Hebreus 4: 9-10, ARC** "*Portanto, resta ainda um repouso para o povo de Deus. Porque aquele que entrou no Seu repouso, ele próprio repousou de suas obras, como Deus das Suas.*"

> **João 14:27, ARC** "*Deixo-vos a paz, a Minha paz vos dou; não vo-la dou como o mundo a dá. Não se turbe o vosso coração, nem se atemorize.*"

JEOVÁ-TSIDKENU

Jeová-Tsidkenu, Ele é a nossa Justiça. Ele perdoa todos os nossos pecados.

> **2 Coríntios 5:21, NVI** "*Deus tornou pecado por nós Aquele que não tinha pecado, para que Nele nos tornássemos justiça de Deus.*"

> **1 Coríntios 1:30, NVI** "*É, porém, por iniciativa dele que vocês estão em Cristo Jesus, o qual se tornou sabedoria de Deus para nós, isto é, justiça, santidade e redenção.*"

> **Romanos 1:17, NVI** "*Porque no Evangelho é revelada a justiça de Deus, uma justiça que do princípio ao fim é pela fé, como está escrito: "O justo viverá pela fé.*"

JEOVÁ-MEKADDESH

Jeová-Mekaddesh, Aquele que nos santifica e nos purifica.

> 1 Coríntios 9-11, A21 *"Não sabeis que os injustos não herdarão o reino de Deus? Não vos enganeis: nem imorais, nem idólatras, nem adúlteros, nem os que submetam a práticas homossexuais, nem os que as procuram, nem ladrões, nem avarentos, nem bêbados, nem caluniadores, nem os que cometem fraudes herdarão o reino de Deus. Alguns de vós éreis assim. Mas fostes lavados, santificados e justificados em nome do Senhor Jesus Cristo e no Espírito do nosso Deus."*

> 1 Tessalonicenses 5:23, ARC *"E o mesmo Deus de paz vos santifique em tudo; e todo o vosso espírito, e alma, e corpo sejam plenamente conservados irrepreensíveis para a vinda de nosso Senhor Jesus Cristo,"*

JEOVÁ-SHAMMÁH

Jeová-Shammáh, O SENHOR está ali. Ele está sempre presente. Ele está sempre conosco.

> Ezequiel 48:35b, ARC *"[...] e o nome da cidade desde aquele dia será: O SENHOR Está Ali."*

> Efésios 2:21-22, VFL (grifo do autor) *"É Ele que mantém o edifício todo bem ajustado e o faz crescer como templo consagrado ao Senhor. E em Cristo, vocês também estão sendo edificados juntamente com os outros, para se tornarem **uma casa onde Deus habite por meio do Espírito**."*

> Hebreus 13:5, NVI (grifo do autor) *"Conservem-se livres do amor ao dinheiro e contentem-se com o que vocês têm, porque Deus mesmo disse: **"Nunca o deixarei, nunca o abandonarei."***

> **Deuteronômio 31:6, ARA (grifo do autor)** *"Sede fortes e corajosos, não temais, nem vos atemorizeis diante deles, porque o SENHOR, vosso Deus, é quem vai convosco; não vos deixará, nem vos desemparará."*

JEOVÁ-RAFÁ

Jeová-Rafá, o Deus que <u>cura</u>. Ele nos cura todas as nossas doenças.

> **Êxodo 15:26, ARA** *"E disse: Se ouvires atento a voz do SENHOR, teu Deus, e fizeres o que é reto diante dos Seus olhos, e deres ouvido aos Seus mandamentos, e guardares todos os Seus estatutos, nenhuma enfermidade virá sobre ti, das que enviei sobre os egípcios; pois Eu sou o SENHOR, que te sara."*

> **Êxodo 23:25-26, NVI** *"Prestem culto ao SENHOR, o Deus de vocês, e Ele os abençoará, dando a vocês alimento e água. Tirarei a doença do meio de vocês. Em sua terra nenhuma grávida perderá o filho nem haverá mulher estéril. Farei completar-se o tempo de duração da vida de vocês."*

> **1 Pedro 2:24, NVI** *"Ele mesmo levou em Seu corpo os nossos pecados sobre o madeiro, a fim de que morrêssemos para os pecados e vivêssemos para a justiça; por Suas feridas vocês foram curados."*

> **Salmo 147:3, A21** *"[Ele] sara os quebrantados de coração e cura suas feridas"*.

JEOVÁ-JIRÉ

Jeová-Jiré, Aquele que vê e <u>provê</u>.

> **Gênesis 22:14, ARC** *"E chamou Abraão o nome daquele lugar o*

> SENHOR proverá; donde se diz até ao dia de hoje: No monte do SENHOR se proverá."

> **Salmo 34:15-19, ARC** "Os olhos do SENHOR estão sobre os justos; e os Seus ouvidos, atentos ao seu clamor. A face do SENHOR está contra os que fazem o mal, para desarraigar da terra a memória deles. Os justos clamam, e o SENHOR os ouve e os livra de todas as suas angústias. Perto está os SENHOR dos que têm o coração quebrantado e salva os contritos de espíritos. Muitas são as aflições do justo, mas o SENHOR o livra de todas."

JEOVÁ-NISSI

Jeová-Nissi, o Senhor é a minha bandeira, o Senhor dos Exércitos. Ele nos dá a vitória sobre os nossos inimigos.

> **Êxodo 17:15-16, ARC** "E Moisés edificou um altar e chamou o seu nome: **O SENHOR é minha bandeira**. E disse: Porquanto jurou o SENHOR, haverá guerra do SENHOR contra Amaleque de geração em geração."

> **Isaías 11:10, NVI (grifo do autor)** "Naquele dia, as nações buscarão a Raiz de Jessé, que será **como uma bandeira para os povos**, e o seu lugar de descanso será glorioso."

> **2 Coríntios 2:14, NVI (grifo do autor)** "Mas graças a Deus, **que sempre nos conduz vitoriosamente em Cristo** e por nosso intermédio exala em todo lugar a fragrância do seu conhecimento".

JEOVÁ-ROHI

Jeová Rohi, o Senhor é meu <u>pastor.</u> Ele é meu amigo e companheiro constante.

Hebreus 11:6, NVI (grifo do autor) *"Sem fé é impossível agradar a Deus, pois quem Dele se aproxima precisa crer que Ele existe e **que recompensa aqueles que O buscam**"*

Salmo 21:1-3, ARC (grifo do autor) *"O SENHOR é meu pastor; nada me faltará. Deitar-me faz em verdes pastos, guia-me mansamente a águas tranquilas. Refrigera a minha alma; guia-me pelas veredas da justiça por amor do Seu nome."*

1 Pedro 2:25, ARC (grifo do autor) *"Porque éreis como ovelhas desgarradas; mas, agora, tendes **voltado ao Pastor e Bispo da vossa alma**."*

YESHUA

Jesus é o nosso Salvador!

Êxodo 15:2-3, ARC *"O SENHOR é a minha força e o meu cântico; **Ele me foi por salvação**; este é o meu Deus; portanto, Lhe farei uma habitação, Ele é o Deus de meu pai; por isso, O exaltarei. O SENHOR é varão de guerra; SENHOR é o Seu nome."*

Isaías 12:2-3, ARC (grifo do autor) *"Eis que **Deus é a minha salvação**; eu confiarei e não temerei porque o SENHOR JEOVÁ é a minha força e o meu cântico e **se tornou a minha salvação** E vós, com alegria, tirareis águas das fontes da salvação."*

Mateus 1:21, ARC (grifo do autor) *"E ela dará à luz um filho, e lhe porás o nome de JESUS, porque **Ele salvará o Seu povo dos seus pecados**."*

Atos 4:12, NVI (grifo do autor) *"**Não há salvação em nenhum outro**, pois, debaixo do céu não há nenhum outro nome dado aos homens pelo qual devamos ser salvos"*

A adoração é aquele tempo no início, e muitas vezes, no final de nosso tempo com Deus, quando expressamos nosso sincero amor a Ele, por quem Ele é e pelo que Ele significa para nós. A adoração é também a nossa maneira de dizer que depositamos toda a nossa confiança Nele como fonte e esperança de nossas vidas.

PARTE II

VALORES DO REINO DE DEUS

2

SERVIÇO

Definição:

Serviço é o valor de servir e ajudar os outros para seu bem e benefício.

Escrituras:

Mateus 20:26-28, NVI (grifo do autor) *"Não será assim entre vocês. Ao contrário,* **quem quiser tornar-se importante entre vocês, deverá ser servo e quem quiser ser o primeiro deverá ser escravo;** *como o Filho do homem, que não veio para ser servido,* **mas para servir** *e dar a Sua vida em resgate por muitos."*

Efésios 6:7-8, NVI; Colossenses 3:23-24, NVI; Romanos 12:11, NVI; 1 Pedro 4:10, NVI; Gálatas 5:13, NVI

Característica Explicada:

Servir é o valor interior de ajudar outros. Ser servo requer humildade e capacidade de se dar em benefício dos outros. Servir aos outros está no topo dos valores que definem os grandes líderes no Reino de Deus, que são caracterizados por seu serviço.

Aplicação Prática:

Valorizamos o dom de servir quando nos esforçamos para ajudar os outros. Servir é o ato abnegado de entrar em uma situação para ajudar os outros quando eles precisam. Precisamos fazê-lo de todo o coração, com amor, diligentemente, não para agradar aos homens, mas para agradar a Deus. Procure, todos os dias, oportunidades para servir aos outros.

3

LEALDADE

Definição:

Ser leal é ser comprometido. Lealdade é a aliança a qual nos comprometemos.

Escritura:

Lucas 9:62, ARC (grifo do autor) *"E Jesus lhe disse:* **Ninguém que lança mão do arado e olha para trás é apto pra o Reino de Deus.***"*

Salmo 37:5, João 15:13

Característica Explicada:

Filhos de Deus, crentes, caracterizam-se por seu compromisso e lealdade ao Reino de Deus. Eles começam e terminam as tarefas. Não desistem quando as coisas ficam complicadas ou difíceis; mantêm-se fiéis ao trabalho e à tarefa diante deles. A lealdade de uma pessoa se demonstra em função de até que ponto ela está disposta a permanecer firme com alguém. As pessoas leais são fiéis e dignas de confiança; podemos defini-las por sua firmeza. Pessoas leais são constantes e firmes em sua dedicação.

Aplicação Prática:

Todos nós gostamos de ter pessoas leais ao nosso redor. O melhor presente que podemos dar aos outros é sermos constantemente firmes em nossa dedicação ao nosso trabalho. Nós realmente valorizamos a lealdade quando demonstramos um compromisso estável de manter um plano mesmo quando ele se mostra difícil de ser concluído ou bem-sucedido. Assuma o compromisso de ser alguém com quem as pessoas possam contar, seja fiel e digno de confiança. A lealdade é uma característica daqueles que realmente seguem o Senhor com determinação.

Por vezes precisamos nos preguntar:

- *Até que ponto eu sou confiável?*
- *Até que ponto eu sou digno de confiança?*
- *Até que ponto eu sou responsável e estável?*

Tome a decisão de ser um amigo leal, responsável e de confiança a quem as pessoas possam recorrer. Seja essa pessoa digna, fiel e firme.

4

GRATIDÃO

Definição:

Gratidão é o sentimento que você sente, ou expressa, de apreço por algo que você tem, recebeu ou observou.

Escrituras:

1 Tessalonicenses 5, ARC *"Em tudo dai graças, porque esta é a vontade de Deus em Cristo Jesus pra convosco"*

Colossenses 3:16, NVI *"Habite ricamente em vocês a palavra de Cristo; ensinem-se e aconselhem-se uns aos outros, com toda a sabedoria e cantem salmos, hinos e cânticos espirituais com gratidão a Deus em seu coração."*

Salmo 100:4-5, NVI *"Entrem por Suas portas com ações de graças e em Seus átrios com louvor; deem-lhe graças e bendigam o Seu nome. Pois o SENHOR é bom e o Seu amor leal é eterno; a Sua fidelidade permanece por todas as gerações."*

Característica Explicada:

A gratidão é a expressão de apreço e agradecimento por alguma bênção observada em sua vida; é sermos verdadeiramente gratos. O salmista nos ensina a entrar em Seus portões com ações de graças em nossos corações.

Aplicação Prática:

Valorizamos a gratidão quando reservamos tempo todos os dias e, em primeiro lugar, observamos as muitas coisas pelas quais devemos ser gratos e, em segundo lugar, expressamos nosso reconhecimento àqueles que as tornaram possíveis.

Devo me perguntar:

- Sou uma pessoa grata?
- Com que frequência demonstro minha gratidão a Deus e a outras pessoas, agradecendo-lhes, e a Ele, pelas bênçãos que me concedem?

Reserve um tempo e conte suas bênçãos e, se possível, expresse àqueles a quem você pode, a sua gratidão por essas bênçãos. Cristãos são pessoas gratas, dizem *"obrigado"*, expressam sua gratidão. Agradeça!

5

MORDOMIA

Definição:

Mordomia é o valor de se provar fiel como um mordomo com os dons, talentos e recursos do Rei. É abraçar a responsabilidade e administrar fielmente os recursos conforme a orientação do Senhor.

Escrituras:

Mateus 17:24-27, NVI "*Quando Jesus e Seus discípulos chegaram a Cafarnaum, os coletores do imposto de duas dracmas vieram a Pedro e perguntaram: 'O mestre de vocês não paga o imposto do templo?'. 'Sim paga', respondeu ele. Quando Pedro entrou na casa, Jesus foi o primeiro a falar, perguntando-lhe: 'O que você acha, Simão? De quem os reis da terra cobram tributos e impostos: de seus próprios filhos ou dos outros?' 'Dos outros', respondeu Pedro. Disse-lhe Jesus: 'Então os filhos estão isentos. Mas para não escandalizá-los, vá ao mar e jogue o anzol. Tire o primeiro peixe que você pegar, abra-lhe a boca, e você encontrará uma moeda de quatro dracmas. Pegue-a e entregue-a a eles, para pagar o Meu imposto e o seu".*

Mateus 22:21, NVI *"De César", responderam eles. E Ele lhes disse: "Então, deem a César o que é de César e a Deus o que é de Deus."*

Mateus 25:21, NVI; 1 Pedro 4:10, NVI; Mateus 17:17-21, NVI

Característica Explicada:

Valorizamos a boa mordomia quando pagamos nossos impostos e honramos a Deus com os primeiros frutos de toda nossa renda. A mordomia é definida quando, ao se entregar algo especial e de valor a alguém, esta pessoa administra o que lhe foi confiado com fidelidade e cuidado. A mordomia fala de idoneidade, confiabilidade, cuidado e de nobreza de caráter.

Aplicação Prática:

Somos bons mordomos se administramos fielmente as coisas que Deus nos confiou. José foi um mordomo muito fiel na Casa de Potifar.

Posteriormente, Deus recompensou a fiel administração de José, confiando-lhe os recursos uma nação inteira. Todos nós temos o sonho de sermos acolhidos em nossa casa eterna com as palavras: *"Bem-vindo ao lar, servo bom e fiel."* Para que recebamos tal recepção, precisamos nos ver como mordomos, a quem foram confiados os bens de nosso Senhor. Não somos realmente donos; somos administradores dos talentos que nos foram confiados. Que possamos mostrar a diligência com que administramos os dons, talentos e recursos que Ele nos confiou.

Perguntas que deveríamos nos fazer são:

- *Quais são as coisas que acredito que Deus me confiou?*
- *Tenho sido um bom mordomo delas?*
- *Venho administrando-as para Ele e para o avanço de Seu Reino?*

Oro para que Deus encontre em cada um de nós um mordomo bom e fiel.

6
OBEDIÊNCIA

Definição:

obediência se expressa pela forma como cumprimos e executamos integralmente aquilo que é esperado, solicitado e exigido de nós.

Escrituras:

Lucas 11:28, NVI *"Ele respondeu: 'Antes, felizes são aqueles que ouvem a palavra de Deus e lhe obedecem."*

> **João 8:55, NVI** *"Vocês não O conhecem, mas Eu O conheço. Se Eu dissesse que não O conheço, seria mentiroso como vocês, mas Eu de fato O conheço e obedeço à Sua palavra."*
>
> **João 14:23-24, NVI; Atos 5:29, NVI; Atos 5:32, NVI; Romanos 6:17, NVI; Mateus 28:20, NVI; Efésios 6:1, NVI; 2 João 1:6, NVI; Hebreus 5:8-9, NVI; Deuteronômio 28:1-13** descreve as bênçãos de se obedecer a Deus.

Característica Explicada:

A obediência é o valor da observância submissa e decidida. Obediência é respeitar a Deus, cumprindo o que Ele diz e vivendo de acordo com o que Ele quer. É a capacidade de ceder e de se conformar à vontade Daquele que o chamou, instruiu e orientou a fazer algo. As bênçãos de Abraão são reservadas para aqueles que caminham em obediência à Sua vontade e ao Seu propósito.

Aplicação Prática:

Há um Poder tremendo em obedecer e submeter-se à vontade de Deus. Naamã ficou curado quando obedeceu e mergulhou no rio Jordão. As dívidas da viúva foram pagas quando ela agiu em obediência à palavra do profeta. Nossa salvação foi comprada pela obediência de nosso Salvador. Somos instruídos a ensinar nossos discípulos a obedecer.

7

CUIDADO

Definição:

Cuidado é a abordagem ponderada que emprestamos aos nossos atos, pensamentos, palavras, e ações, especialmente quando consideramos como podem fazer avançar ou macular o Reino de Deus.

Escrituras:

Mateus 16:6, NVI *"Disse-lhes Jesus: 'Estejam atentos e tenham cuidado com o fermento dos fariseus e dos saduceus".*

Colossenses 4:5-6, NVI *"Sejam sábios no procedimento para com os de fora; aproveitem ao máximo todas as oportunidades. O seu falar seja sempre agradável e temperado com sal, para que saibam como responder a cada um."*

Efésios 5:15, NVI; Romanos 12;17, NVI; 1 Coríntios 8:9, NVI

Característica Explicada:

Cuidado é a prática de tomarmos cuidado, cautela e de termos consideração com as palavras, ações, atos e pensamentos; assim como cuidarmos daquilo a que nos expomos. Por um lado, é cuidarmos de como nos comportamos, de como nossa conduta pode ter uma influência negativa em nossa confissão de fé. O cuidado e a cautela devem ser adotados para não colocarmos o Evangelho em risco de ser caluniado como resultado de nossa conduta. Por outro lado, atenção, vigilância e circunspecção devem ser empregadas em relação àquilo a que nos expomos ,em particular, ensinamentos errôneos, pessoas negativas e tóxicas, e relações impróprias.

Aplicação Prática:

1. Valorizamos os ensinamentos de Jesus quando nos preocupamos em como vivemos, e como nossa conduta pode ser útil para as pessoas, especialmente às mais fracas, a acreditar Nele.
2. Valorizamos o cuidado quando cuidamos do que ouvimos, a quais ensinamentos e doutrinas nos expomos, e de não nos submetermos a ambientes relacionais tóxicos.

Cuide de sua conduta diariamente, e tome cuidado com as pessoas que você permite que influenciem a sua vida. As más companhias corrompem a boa moral.

8

COMPAIXÃO

Definição:

Compaixão é o sentimento de tristeza ou piedade por alguém, que é expresso quando lhes mostramos bondade, misericórdia, simpatia ou ternura.

Escrituras:

1Pedro 3:8, A21 *"Finalmente, tende todos vós o mesmo modo de pensar; mostrai compaixão e amor fraternal, sede misericordiosos e humildes".*

Êxodo 33:19, NVI *"E Deus respondeu: 'Diante de você farei passar toda a Minha bondade e diante de você proclamarei o Meu nome: o SENHOR. Terei misericórdia de quem Eu quiser ter misericórdia e terei compaixão de quem Eu quiser ter compaixão."*

Salmo 116:5, NVI *"O SENHOR é misericordioso e justo; o nosso*

Deus é compassivo."

Êxodo 22:26-27, NVI; Salmo 86:15, NVI; Mateus 9:36, NVI; Colossenses 3:12, NVI; Filipenses 2:1-2, NVI

Característica Explicada:

O que aprendemos desde o início sobre a natureza e o caráter de Deus foi Sua grande compaixão pelo Seu povo. Em numerosas ocasiões, podemos ver a expressão desses sentimentos. A compaixão é a demonstração de simpatia, preocupação e empatia para com os outros em suas angústias ou carências. Ser compassivo é ser bondoso e preocupar-se com o cuidado daqueles que nos rodeiam. A compaixão é mostrar consideração pelas necessidades e cuidados dos outros. Podemos ver este cuidado misericordioso na vida de Cristo expresso às pessoas em várias ocasiões. Ele o manifestou quando observou que elas eram como ovelhas sem pastor. Ele teve compaixão das pessoas quando elas estiveram com Ele por alguns dias sem comer. Ele se preocupou com o seu bem-estar.

Aplicação Prática:

Valorizamos nosso relacionamento e união com Cristo caminhando em Seus passos, e desejando viver e ser como Ele. Uma das formas pelas quais damos credibilidade a esta união com Cristo é sendo compassivos. Separe tempo para mostrar bondade e carinho para as pessoas ao seu redor diariamente, para procurar saber dos desafios que as pessoas enfrentam. Que eles nos movam com a mesma compaixão que Cristo se move para nos ajudar em nossas fraquezas. Mostre preocupação, simpatia e compreensão em relação às fraquezas que as pessoas enfrentam diariamente. Uma das maneiras mais poderosas de demonstrarmos nossa verdadeira compaixão, como Cristo, é ajudando as pessoas em suas dificuldades. Veja como você pode ajudar e socorrer as pessoas onde quer que você se encontre. **Reserve um tempo para se importar e ser gentil.**

PARTE III
TESTE DE ASSIMILAÇÃO

Disciplina Espiritual: Adoração

1. Qual versículo expressa o desejo de Deus para os adoradores? <u>João 4:23-24</u>

2. O que é Adoração? <u>*É um ato de auto rendição e entrega da alma ao Senhor, assim como um tempo de louvor ao Deus Todo Poderoso.*</u>

3. Com suas próprias palavras, descreva o que significa auto rendição na adoração. _____

4. Como você irá reservar mais tempo para adorar? _____

. . .

5. O que nos prepara para desfrutar momentos mais gratificantes na adoração? _____*Tempo, gratidão e foco*_____

Valores do Reino de Deus

6. Serviço é um valor do Reino de Deus. Por que é um valor tão importante?
_____
_____

7. Qual a definição de "lealdade" como um valor do Reino? _____
_____

8. O que podemos fazer para ser mais *obedientes*? _____
_____

9. O que significa ser *grato*? _____
_____

10. Como podemos demonstrar mais *compaixão*? _____
_____

SETIMA SEMANA

PARTE I
DISCIPLINA ESPIRITUAL:SIMPLICIDADE

1
DISCIPLINA ESPIRITUAL- SIMPLICIDADE

Jesus ensinou a Seus discípulos **a disciplina espiritual da** *simplicidade*. Simplicidade é vivermos contentes com o mínimo possível, e guardarmos intencionalmente tesouros no céu com o que tivermos em mãos. Jesus encorajou Seus discípulos a viverem vidas simples, sem acumular tesouros terrenos.

"Simplicidade é a disciplina de se viver contente com o mínimo possível, e de se armazenar intencionalmente tesouros no céu com o que se tem em mãos."

A igreja primitiva vivia dessa forma. Vemos que eles vendiam suas terras e suas casas e tinham tudo em comum. Colocavam seus tesouros aos pés dos apóstolos, acumulando assim, tesouros no céu. Seus tesouros eram investidos na busca do avanço do Reino. Quando Jesus enviou Seus discípulos, Ele os enviou com algumas instruções simples: Eles não deveriam levar consigo uma bolsa ou sequer uma roupa extra. Isto sim é viver uma vida simples!

Mateus 10:9-10, NVI *"Não levem ouro, nem prata, nem cobre e* seus cintos; não levem nenhum saco de viagem, nem túnica extra, nem sandálias, nem bordão; pois o trabalhador é digno do seu sustento."

O nosso coração mostra onde o nosso tesouro está

Quando Jesus ensinou Seus discípulos no monte, Ele os incentivou a guardar para si tesouros no céu, em vez de acumular tesouros aqui na terra.

Mateus 6:19-21, ARC *"Não ajunteis tesouros na terra, onde a traça e a ferrugem tudo consome, e onde os ladrões minam e roubam. Mas ajuntai tesouros no céu, onde nem a traça nem a ferrugem consomem, e onde os ladrões não minam, nem roubam. Porque onde estiver o vosso tesouro, aí estará também o vosso coração."*

O que significa "ajuntar tesouros no céu"?

Significa principalmente investir generosamente, intencionalmente, nas **missões de avanço do Reino**. Entenda, isto não se refere ao seu dízimo, que pertence a Deus, o qual somos instruídos a devolver a Deus na nossa igreja local, onde estamos em comunhão. Este **"ajuntar tesouros no céu"** vai muito além do dízimo. Este doar, gastar e semear do seu dinheiro deve mostrar que seu coração, e seu tesouro, está em fazer progredir o Reino de Deus. Toda vez que ofertamos para missões, apoiamos os pobres e necessitados, cuidamos de viúvas e idosos, nós acumulamos tesouros no céu.

Mateus 19: 21, NVI *"Jesus respondeu: 'Se você quer ser perfeito, vá, venda os seus bens e dê o dinheiro aos pobres, e você terá um tesouro nos céus. Depois, venha e siga-me."*

Missões precisam de tesouros

Fazer avançar o Reino de Deus entre os mais pobres requer muito dinheiro, tanto para fornecer suprimentos básicos para os povos locais, como para providenciar suporte para aqueles que com eles trabalham para edificá-los através de materiais de discipulado a fim de construir igrejas que, mais tarde, gerarão discípulos. Onde colocamos nosso tesouro lá também estará nosso coração.

Contentamento é essencial para a simplicidade

O apóstolo Paulo nos fala sobre o contentamento. Em outras palavras, estar satisfeito é ser disciplinado em "**simplicidade**", ou viver de forma simples.

> **Filipenses 4:11, ARC** *"Não digo isso como por necessidade, porque já aprendi a contentar-me com o que tenho."*

> **1 Timóteo 6:6-8, ARC** *"Mas é grande ganho a piedade com contentamento. Porque nada trouxemos para este mundo e manifesto é que nada podemos levar dele. Tendo, porém, sustento e com que nos cobrirmos, estejamos com isso contentes.*

A igreja primitiva foi modelo desta disciplina, e lemos sobre a sua **simplicidade** com frequência.

Jesus era adepto da simplicidade

> **Mateus 8:20, NVI** *"Jesus respondeu: 'As raposas têm suas tocas e as aves do céu têm seus ninhos, mas o Filho do homem não tem onde repousar a cabeça".*

Jesus ensinou a simplicidade a Seus discípulos

Quando Jesus enviou Seus Discípulos, Ele lhes ensinou a disciplina essencial da simplicidade. Ele lhes disse que não levassem ouro, prata ou cobre com eles. Ele lhes ensinou que o trabalhador é digno de seu salário e que o Senhor lhes proveria aonde quer que eles fossem para compartilhar o Evangelho.

> **Mateus 10: 9-10, NVI** *"Não levem nem ouro, nem prata, nem cobre em seus cintos; não levem nenhum saco de viagem, nem túnica extra, nem sandálias, nem bordão; pois o trabalhador é digno do seu sustento."*

> **Mateus 19: 21, NVI** *"Jesus respondeu: 'Se você quer ser perfeito, vá, venda os seus bens e dê o dinheiro aos pobres, e você terá um tesouro nos céus. Depois, venha e siga-me."*

A igreja de Atos era adepta da simplicidade

Quando analisamos o que a igreja primitiva fez que lhes permitiu impactar seu mundo de forma tão eficaz, vemos que foram essas práticas e disciplinas que falaram alto ao mundo ao seu redor. Praticar a simplicidade é, de muitas maneiras, algo contracultural em todo o mundo, pois a maioria das pessoas deseja acumular mais e mais, e não dar ou compartilhar.

A igreja primitiva praticava a partilha e a doação, duas atitudes essenciais ao coração no desenvolvimento de uma cultura do Reino.

> **Atos 2:44-45, NVI** *"Os que criam mantinham-se unidos e tinham tudo em comum. Vendendo suas propriedades e bens, distribuíam a cada um conforme a sua necessidade."*

> **Atos 4:32, NVI** *"Da multidão dos que creram, uma era a mente e um o coração. Ninguém considerava unicamente sua coisa alguma que possuísse, mas compartilhavam tudo o que tinham"*

> **Atos 4:34-35, NVI** *"Não havia pessoas necessitadas entre eles, pois os que possuíam terras ou casas as vendiam, traziam o dinheiro*

da venda e o colocavam aos pés dos apóstolos, que o distribuíam segundo a necessidade de cada um"

Praticar a disciplina da simplicidade é fazer um esforço planejado para guardar tesouros no céu e compartilhar o que se tem com os da família da fé.

PARTE II
VALORES DO REINO DE DEUS

2

SER ATENCIOSO

Definição:

Ser atencioso é ser gentil, solidário e afetuosamente prestativo para com os outros, especialmente considerando-se suas necessidades, fardos e preocupações.

Escrituras:

Gálatas 6:2, NVI (grifo do autor) "*Levem os fardos pesados uns dos outros e, assim, cumpram a lei de Cristo.*"

1 Pedro 5:2-3, NVI (grifo do autor) "*Pastoreiem o rebanho de Deus que está aos seus cuidados. Olhem por ele, não por obrigação, mas de livre vontade, como Deus quer. Não façam isso por ganância, mas com o desejo de servir. Não ajam como dominadores dos que foram confiados a vocês, mas **como exemplos** para o rebanho.*"

1 Timóteo 5:4, NVI; João 21:16, NVI

Característica Explicada:

Ser atencioso é ser alerta, atento e útil aos outros; é preocupar-se carinhosamente com o bem-estar dos outros. Ser atencioso é ser sensível às necessidades e às preocupações das outras pessoas, e tratá-las com compaixão. Uma das características que Jesus desejava que Seus discípulos tivessem era o *cuidado* com Suas ovelhas. Ou, conforme Paulo disse a Timóteo, *cuidar* é colocar nossa religião em prática. Nós fazemos aquilo que valorizamos. Bem, um dos verdadeiros valores do Reino de Deus é cuidar dos que estão ao seu redor e sob seus cuidados.

Aplicação Prática:

Mostramos cuidado, em **primeiro** lugar, quando atentamos para os problemas, as preocupações e os fardos das pessoas ao nosso redor, especialmente aquelas confiadas aos nossos cuidados. Em **segundo** lugar, cuidamos quando fazemos algo a respeito, mostrando amor, sendo prestativos e auxiliando. Ser cuidadoso é ser atento e solícito, mostrando aos interessados que você realmente se importa. Cuidamos quando carregamos os fardos uns dos outros. Uma das maneiras de cuidar é aliviar a carga de um pai solteiro ou de uma mãe solteira que trabalha, oferecendo-se para tomar conta de seus filhos, permitindo-lhes ir trabalhar e ganhar seus salários sem terem que adicionar mais o gasto de ter que pagar alguém para desempenhar essa tarefa. Outra maneira, é ajudar na prestação de cuidados temporários a pessoas com pais idosos. Cada vez que nos dispomos a atender às necessidades dos outros, especialmente quando dedicamos tempo para constatar sua angústia e necessidade de ajuda, honramos a Deus ao proporcionar-lhes cuidados. Cuidem e carreguem os fardos uns dos outros e, dessa forma, cumpram o caminho do amor.

3

CONFIANÇA

Definição:

Confiança é a segurança e a fé que temos em alguém ou em alguma coisa. É uma forte crença, um sentimento de certeza com o qual fazemos as coisas.

Escrituras:

Filipenses 1:6, NVI (grifo do autor) *"Estou convencido de que Aquele que começou a boa obra em vocês, vai completá-la até o dia de Cristo Jesus."*

2 Coríntios 3:4, NVI (grifo do autor) *"Tal é a confiança que temos diante de Deus por meio de Cristo."*

Efésios 3:12, NVI; Hebreus 4:16, NVI; Hebreus 3:14, NVI; Hebreus 3:6, NVI; Hebreus 10:19, NVI; Hebreus 10:35, NVI; Hebreus 11:1, NVI, Filipenses 1:6, NVI

Característica Explicada:

Deus é a nossa fonte de confiança, e ao depositarmos Nele nossa confiança e fé de forma indiscutível, Ele trabalha essa confiança em nós para fazermos coisas extraordinárias. Hebreus 11:1 principia dizendo: "Ora, a fé é a certeza...". Confiança, certeza, é ter fé em alguém ou alguma coisa. **Confiança é aquela certeza que temos**, especialmente no que diz respeito à nossa fé e confiança no que Deus disse em Sua Palavra, e, **portanto, agimos sobre Sua Palavra. A confiança se expressa pela certeza com que agimos.** Confiança é aquele ato autoconfiante e autossuficiente que tem a fé como garantia. Em outras palavras, **agimos porque estamos convencidos e seguros.**

Aplicação Prática:

A fé é confiança no que esperamos ser verdade. Damos expressão à nossa fé pela forma confiante com que agimos sobre as palavras e instruções da Bíblia. Há uma relação direta entre a fé que temos e a confiança com a qual nos portamos. Nunca perca a sua confiança nas coisas sobre as quais você se tornou seguro, especialmente sobre a sua fé em Deus e em Sua Palavra. Aja com confiança. Que nossa confiança possa mostrar aos outros o quão forte nossa sua fé em Deus realmente é.

4
FIRMEZA

Definição:

A firmeza é aquela assertividade interior para, com determinação, se concentrar em fazer aquilo que se propôs a fazer. É a capacidade de ser constante e imutável em seu curso de fé e ação.

Escrituras:

Mateus 10:22, NVI (grifo do autor) *"Todos odiarão vocês por Minha causa, mas aquele que **perseverar até o fim será salvo**."*

Mateus 14:12-13, NVI *"Devido ao aumento da maldade, o amor de muitos esfriará, mas aquele que perseverar até o fim será salvo."*

1 Coríntios 15:58, NVI (grifo do autor)*"Portanto, meus amados irmãos, **mantenham-se firmes, e que nada os abale**. Sejam sempre dedicados à obra do Senhor, pois vocês sabem que, no Senhor, o trabalho de vocês não será inútil."*

2 Tessalonicenses 2:15, NVI; Hebreus 10:23, NVI; Isaías 26:3, NVI

Característica Explicada:

Firmeza é o compromisso leal e sólido de se manter fiel às suas crenças, é ser intransigentemente firme em suas convicções. É aquela determinação persistente e leal em se manter o rumo. A firmeza nos fala de consistência e confiabilidade. A firmeza se expressa no fato de sermos inflexíveis, rígidos e determinados a manter aquilo que acreditamos e os princípios segundo os quais determinamos viver nossas vidas.

Aplicação Prática:

Como expressamos esse valor do Reino?

Em primeiro lugar, inscrevendo-se em um grupo de estudo e determinando-se a aprender, adotar e viver de acordo com os valores e princípios da Bíblia.

Em segundo lugar, demonstramos firmeza ao colocarmos intencionalmente os princípios e valores bíblicos aprendidos antes das nossas preferências, respostas ou reações habituais.

Em terceiro lugar, desenvolvendo uma determinação de ser leal à sua decisão de fazer as coisas de acordo com o que a Bíblia ensina, pois agrada a Deus quando defendemos os valores do Reino de Deus, quando somos fiéis à nossa decisão de fazer as coisas de acordo com o que a Bíblia ensina. Deus deseja que sejamos pré-determinados e resolutos em segui-Lo. Oro para que sejamos aqueles que se mantêm intransigentemente firmes em nossas decisões de seguir os ensinamentos de Jesus.

5

CONTENTAMENTO

Definição:

O contentamento é a decisão antecipada e a determinação de estarmos satisfeitos e gratos, independentemente das circunstâncias em que possamos nos encontrar. O contentamento é a satisfação com o estado atual de cada um.

Escrituras:

Mateus 6:25, NVI (grifo do autor) *"Portanto, Eu digo: Não se preocupem com sua própria vida, quanto ao que comer ou beber; nem com seu próprio corpo, quanto ao que vestir. Não é a vida mais importante que a comida, e o corpo mais importante que a roupa?"*

1 Timóteo 6:6, NVI (grifo do autor) *"De fato, a piedade com contentamento é grande fonte de lucro".*

1 Timóteo 6:8, NVI; Filipenses 4:11-12, NVI

Característica Explicada:

O contentamento é um valor que se aprende, como qualquer outro valor. Ser contente é estar satisfeito com o que se tem. É a determinação de que se temos comida, bebida e roupas para vestir, temos todo o necessário para viver e, com isso em mente, somos, consequentemente, gratos por tudo o mais além disso.

Aplicação Prática:

Até que ponto eu sou contente?

As pessoas adoram estar perto de pessoas que estão contentes com o que têm. Há um equilíbrio a ser alcançado entre estar contente com o que se tem e com o que ainda se quer alcançar. Muitas pessoas vivem tão focadas no que não têm que sempre se apresentam, involuntariamente, como pessoas carentes. Adoro estar perto de pessoas que são satisfeitas com o que têm. Isso não significa que elas não aspirem por mais, ou por coisas maiores e melhores. Não, apenas significa que sua satisfação e contentamento superam o peso de seus desejos e vontades. Que possamos viver contentes com o que temos, com aquilo com que o nosso Pai Celestial nos abençoou.

6
DISPOSIÇÃO PARA APRENDER

Definição:

Disposição para aprender requer vontade de conhecer, de ser modificado e transformado em sua condição, caráter, forma ou aparência, especialmente na semelhança de Cristo.

Escrituras:

Mateus 11:29, NVI *"Tomem sobre vocês o Meu jugo e aprendam de Mim, pois sou manso e humilde de coração, e vocês encontrarão descanso para as suas almas."*

João 6:45, NVI *"Está escrito nos Profetas: 'Todos serão ensinados por Deus'. Todos os que ouvem o Pai e Dele aprendem vêm a Mim."*

Romanos 12:2; Colossenses 3:10, NVI; Efésios 4:22-24, NVI

Característica Explicada:

Demonstramos disposição para aprender quando abrimos nossos corações para serem renovados em nossas mentes. Somente o compromisso de sermos renovados no espírito de nossas mentes nos garantirá uma vida inteira de aprendizagem. A transformação ocorre quando, com determinação, nos despojamos de nosso velho eu e vestimos, com determinação, o nosso novo eu. Tornamo-nos aquilo que buscamos em nossas mentes e em nossos corações. Para nós, cristãos, é a determinação de nos livrarmos da velha natureza mundana e de nos abrirmos constantemente para renovar nossas mentes com as coisas de Deus. Em cada um desses casos em que lemos sobre processos de transformação é, na verdade, uma questão de colocar em prática as coisas que nos foram ensinadas, o que exige que permaneçamos dispostos a aprender. Quanto mais colocamos, de boa vontade, no primeiro plano de nossas mentes, mais nos transformamos.

Aplicação Prática:

Eu amo a maneira como o escritor de Romanos expressa esta verdade: Disposição para aprender é uma decisão constante de mudança e uma determinação de não se conformar com o padrão deste mundo. Requer transformação. Conformar é o resultado de simplesmente aceitar os caminhos do mundo como a norma e simplesmente obedecer. A transformação, no entanto, vem quando estivermos dispostos a aprender e adotar completamente os valores do Reino de Deus como nossos, praticando-os. Pergunte-se a si mesmo, em todas as decisões que confrontam sua posição moral, se você está se conformando ou se transformando. Eu vi esta característica em um de meus pastores: sua capacidade de adotar novas ideias, de fazer as coisas, de se adaptar às mudanças de posição circunstanciais, bem como de fluir de acordo com a maneira como o Espírito trabalha dentro da Igreja. Um exemplo simples foi como ele respondeu ao funcionamento dos dons do Espírito Santo dentro de suas igrejas.

A questão permanece:

Até que ponto estou disposto a aprender? Até que ponto estou aberto a receber correção ou instrução?

7
DEFERÊNCIA

Definição:

A deferência é a ação cuidadosa e ponderada de viver uma vida exemplar com o expresso propósito de levar outras pessoas a Cristo através de nossa maneira de viver em constante conexão com Ele e Sua Palavra.

Escrituras:

> **Mateus 5:16, NVI (grifo do autor)** *"Assim, brilhe a luz de vocês diante dos homens, para que vejam as suas boas obras e glorifiquem ao Pai de vocês que está nos céus."*

> **João 5:30, NVI (grifo do autor)** *"Por Mim mesmo, nada posso fazer; Eu julgo apenas conforme ouço, e o Meu julgamento é justo, pois* **não procuro agradar a Mim mesmo, mas Àquele que me enviou.**"

1 Coríntios 9:22, NVI; 1 Coríntios 10:33; Tiago 4:15, NVI;
Romanos 14:13, NVI; Efésios 5:1-2, NVI

Característica Explicada:

Deferência é uma demonstração de admiração ou adoração por alguém ou alguma coisa, com o propósito expresso de conduzir outros ao mesmo comprometimento. Deferência se refere a mostrarmos aos outros que temos alta consideração; é demonstrar respeito e admiração por uma pessoa e seus ensinamentos ou pontos de vista. Viver com deferência é viver fortemente vinculado e submetido à Bíblia. Nossas vidas devem refletir fortemente nossa lealdade à Bíblia e, especialmente, aos ensinamentos de Jesus. Viver com deferência é viver uma vida que direciona as pessoas para Cristo, e mostra aos outros que vivemos em submissão a Ele e à Sua Palavra. Jesus nos deu esse exemplo em todo o Seu ministério terrestre. Quando tentado pelo diabo, Ele se referiu às Escrituras. Quando questionado sobre Sua Autoridade, Ele se referiu Àquele que O enviou e cujas instruções e vontade Ele obedecia. Deferência significa mostrar submissão, lealdade e conformidade, mas também reverência, admiração e respeito. Para nós, cristãos, é o uso constante de cada oportunidade para direcionar as pessoas para o Deus que nós adoramos e valorizamos como Líder e Autoridade Suprema em nossas vidas, como Jesus fez.

Aplicação Prática:

Um valor só é apreciado se praticado e observado na vida diária. Uma boa pergunta a ser feita esta semana é:

Como posso, através de minhas palavras e ações, mostrar aos outros que valorizo e honro a Deus e Sua Palavra em minha vida?

Colocamos em prática aquilo que valorizamos. Nossos valores são vistos e observados pelo que dizemos e fazemos. Toda vez que nos referimos à Bíblia como nosso referencial para orientação, praticamos deferência. Toda vez que dizemos: *Se Deus quiser* praticamos a deferência e damos expressão ao quanto é importante para nós viver no favor Dele. Toda vez que damos honra ao Senhor quando algo bom acontece, nós praticamos a deferência. É honrar e agradecer veementemente ao Senhor em cada situação que mostra aos outros que realmente valorizamos Deus, Seu Filho, o Espírito Santo e a Palavra, em nossas vidas. Vamos pensar novamente em maneiras pelas quais podemos hoje, enfaticamente, trazer honra a Deus através de nossas palavras e ações.

8
DILIGÊNCIA

Definição:

Diligência é prestar atenção cuidadosa e incessante para fazer bem todas as coisas. Desenvolvemos diligência prestando atenção e sendo conscienciosos em tudo o que fazemos.

Escrituras:

João 4:34, NVI (grifo do autor) *"Jesus disse: 'A minha comida é fazer a vontade Daquele que me enviou".*

Colossense 3:23, ARC (grifo do autor) *"E tudo quanto fizerdes, fazei-o de todo o coração, como ao Senhor e não aos homens".*

1 Tessalonicenses 4:11-12:11-12, NVI; Eclesiastes 9:10, NVI; Colossenses 3:22-24, NVI

Característica Explicada:

A diligência é a prática do cuidado e do rigor atento. Ser diligente é ser persistentemente meticuloso. É trabalhar incansavelmente nas coisas até que estejam feitas. Jesus foi diligente ao concluir as tarefas que Lhe foram confiadas. Ele trabalhou incansavelmente e diligentemente para buscar e salvar os perdidos e terminar o curso de Sua vida com excelência. Ele foi diligente até o fim. Deus deseja que nós apliquemos esta mesma diligência persistente à nossa ética de trabalho. Precisamos terminar aquilo que começamos. Devemos ser diligentes não apenas em completar as tarefas, mas também em completá-las com a atitude correta. As pessoas diligentes sempre caminham a segunda milha. Somos diligentes quando nos dedicamos a cada tarefa de coração e com tal devoção que atraímos o respeito das pessoas de fora.

Aplicação Prática:

Todos nós temos tarefas a cumprir hoje. Podem ser tarefas formais, que nos são exigidas, como o nosso trabalho pelo qual somos pagos, ou tarefas informais, do dia a dia, como lavar a louça ou a roupa. O que devemos considerar é se estamos sendo diligentes em nossa abordagem nas tarefas em questão.

- A diligência exige a atitude correta, pois fazemos tudo como para o Senhor.
- A diligência também exige que façamos as coisas da melhor maneira possível, e não de qualquer jeito, apenas para nos ver livre.
- Diligência requer que mantenhamos foco constante em para quem estamos fazendo as coisas.
- Requer sinceridade de coração e reverência ao Senhor.

Consideremos seriamente a diligência que dedicamos às tarefas que temos diante de nós hoje e em todos os outros dias, independentemente de para quem as executamos.

PARTE III

TESTE DE ASSIMILAÇÃO

Disciplina Espiritual: Simplicidade

1. Jesus ensinou a Seus discípulos sobre a *simplicidade*?
   <u>   SIM   </u>

Em caso afirmativo, cite os versículos que ilustram esses ensinamentos.
   <u>Mateus 6:19-21 e Mateus 10:9-10</u>
   _____

2. O que significa "acumulem para vocês tesouros nos céus"?
   _____
   _____

3. Defina *simplicidade*. _____
   _____
   _____

4. Cite uma característica essencial para se viver com simplicidade.

<u>   *Contentamento*   </u>

5. Diga como a Igreja primitiva praticava a simplicidade e cite versículos que comprovem a sua resposta.
_____
_____
_____

Valores do Reino de Deus

6. *Ser atencioso* é um dos valores do Reino. Por que é um valor tão importante? _____
_____
_____
_____
_____

7. Defina o que significa ser *firme?* _____
_____
_____
_____
_____

8. Como podemos nos tornar mais *contentes?*
_____
_____
_____
_____

. . .

9. O que significa ter *deferência?*

OITAVA SEMANA

PARTE I
DISCIPLINA ESPIRITUAL:SERVIÇO

1

SERVIÇO

Jesus ensinou a Seus discípulos a **disciplina espiritual do serviço.** Se você tem aspirações de fazer avançar o Reino, é melhor fazê-lo servindo ao seu semelhante.

Jesus estabeleceu os parâmetros de como servir

Uma das melhores formas de servir é seguindo o exemplo de nosso Senhor e Salvador, Jesus Cristo, como Ele nos demonstrou ao lavar os pés de Seus discípulos.

> **Marcos 9:35, ARC** *"E Ele, assentando-se, chamou os doze e disse-lhes: Se alguém quiser ser o primeiro, será o derradeiro de todos e o servo de todos."*

> **João 13: 14-17, ARC** *"Ora, se Eu, Senhor e Mestre, vos lavei os pés, vós deveis também lavar os pés uns aos outros. Porque Eu vos dei o exemplo, para que, como Eu vos fiz, façais vós também. Na verdade, na verdade vos digo que não é o servo maior do que o seu senhor, nem o enviado, maior do que aquele que o enviou. Se sabeis essas coisas, bem-aventurados sois se as fizerdes."*

Jesus nos ensinou a servir de diversas formas. Ele serviu à humanidade com Sua morte e ressurreição. Ele serviu a Seus discípulos dando-lhes as Palavras de Vida. Ele deu Sua vida por Suas ovelhas. Servir é doar-se por inteiro a uma causa. É dedicar todas as suas faculdades mentais, físicas e emocionais para o avanço do Reino de Deus através do compromisso ativo com as pessoas dentro e fora do Reino de Deus.

> **João 13:34, ARA** *"Novo mandamento vos dou: que vos ameis uns aos outros; assim como Eu vos amei, que também vos ameis uns aos outros."*

Deste mandamento de Cristo, aprendemos que devemos imitar Sua humildade bondosa ao lavar os pés uns dos outros.

Servimos quando trabalhamos com afinco e diligência

Nós, como crentes, devemos ser as pessoas mais leais, trabalhadoras e fiéis onde quer que trabalhemos. Nós representamos um Reino, o Reino de Deus, e a maneira como trabalhamos testemunha do Reino que representamos.

> **2 Tessalonicenses 3:10, ARA** *"Porque, quando ainda convosco, vos ordenamos isto: 'se alguém não quer trabalhar, também não coma'."*

> **Efésios 6:5-7, MSG** *"Empregados, obedeçam a seus patrões e tenham respeito por eles. Eles são senhores de vocês na terra, mas a obediência no final das contas é ao verdadeiro senhor: Cristo. Não trabalhem por obrigação, mas trabalhem de coração, como servos de Cristo, fazendo o que Deus quer. Trabalhem com um sorriso no rosto, tendo sempre em mente que não importa de quem venham as ordens, pois vocês estão servindo a Deus."*

Gosto muito de como a versão "A Mensagem" traz esses versículos, porque as pessoas de hoje precisam começar a se identificar com as palavras que foram usadas no idioma original. *Empregados são aqueles que não trabalham por conta própria, mas que trabalham a serviço de outra pessoa.* Na época em que a Bíblia foi escrita, aqueles que não trabalhavam, ou não podiam trabalhar para se sustentarem, se submetiam às ordens de outrem e, portanto, se tornavam seus servos ou, em circunstâncias extremas, se tornavam escravos. Para simplificar o entendimento, um *servo* é um *empregado* e um *senhor* é um *patrão*.

Aqueles que são empregados devem servir bem

Cristãos devem ser:
1. Os funcionários mais obedientes,
2. Os funcionários mais diligentes,
3. Os funcionários mais leais,
4. Os funcionários mais humildes,
5. Os funcionários mais fiéis,
6. Os funcionários mais confiáveis, e
7. Os funcionários que melhor servem.

Cristãos sempre representam o Reino de Deus

Quase todas os versículos que tratam das responsabilidades dos *servos*, ou *empregados*, fazem *conexão direta* entre nossa fé e a forma como servimos ou trabalhamos. Também indicam a atitude de coração com a qual precisamos servir: "*como para o Senhor*".

> **1 Timóteo 6 :1-2, NVI** "*Todos os que estão sob o jugo da escravidão devem considerar seus senhores dignos de todo o respeito, para que o nome de Deus e o nosso ensino não sejam blasfemados. Os que têm senhores crentes não devem ter por eles menos respeito, pelo fato de serem irmãos; ao contrário, devem servi-los ainda*

melhor, porque os que se beneficiam do seu serviço são fiéis e amados. Ensine e recomende essas coisas."

1 Pedro 2: 18-20, NVI *"Escravos, sujeitem-se a seus senhores com todo o respeito, não apenas aos bons e amáveis, mas também aos maus. Porque é louvável que, por motivo de sua consciência para com Deus, alguém suporte aflições sofrendo injustamente. Pois que vantagem há em suportar açoites recebidos por terem cometido o mal? Mas, se vocês suportam o sofrimento por terem feito o bem, isso é louvável diante de Deus."*

Tito 2: 9-10, NVI "Ensine os escravos a se submeterem em tudo a seus senhores, a procurarem agradá-los, a não serem respondões, e a não roubá-los, mas a mostrarem que são inteiramente dignos de confiança, para que assim tornem atraente, em tudo, o ensino de Deus, nosso Salvador."

Servimos quando fazemos as <u>boas obras</u> que Deus nos chama a fazer.

Efésios 2:10, NVI *"Porque somos criação de Deus realizada em Cristo Jesus para fazermos boas obras, as quais Deus preparou antes para nós as praticarmos."*

Deus preparou boas obras para fazermos. Ao praticar essas ações que Deus nos chama para fazer, servimos ao Seu propósito. Na verdade, Deus deseja que usemos todos os dons que temos para servir aos outros.

1 Pedro 4:10-11, NVI *"Cada um exerça o dom que recebeu para servir os outros, administrando fielmente a graça de Deus em suas múltiplas formas. Se alguém fala, faça-o como quem transmite a palavra de Deus. Se alguém serve, faça-o com a força que Deus provê, de forma que em todas as coisas Deus seja glorifi-*

cado mediante Jesus Cristo, a quem sejam a glória e o poder para todo o sempre. Amém."

Hebreus 6:10, NVI *"Deus não é injusto; Ele não se esquecerá do trabalho de vocês e do amor que demonstraram por Ele, pois ajudaram os santos e continuam a ajudá-los."*

1 Coríntios 15:58, NVI *"Portanto, meus amados irmãos, mantenham-se firmes, e que nada os abale. Sejam sempre dedicados à obra do Senhor, pois vocês sabem que, noSenhor, o trabalho de vocês não será inútil."*

Romanos 14:18, NVI *"Aquele que assim serve a Cristo é agradável a Deus e aprovado pelos homens."*

Promova-se servindo!

Use os dons que você recebeu para servir aos outros. Os maiores líderes da Bíblia são aqueles que serviram a seus líderes e, posteriormente, os sucederam. Temos o exemplo de José servindo na casa de Potifar, e depois de servi-lo fiel e bem, José foi promovido à segunda maior posição de autoridade no Egito. Temos também Josué servindo Moisés como seu ajudante, até que Deus lhe instrui a nomear Josué para sucedê-lo. Depois de Eliseu ter servido a Elias e ter seguido suas pegadas, ele o sucedeu como profeta. Davi serviu a Saul antes de sucedê-lo como rei.

Sirva para receber a unção que deseja em sua vida. Procure oportunidades em que você possa servir a homens e mulheres de Deus.

PARTE II
VALORES DO REINO DE DEUS

2
CONFIABILIDADE

Definição:

Confiabilidade é uma combinação de veracidade e fidelidade. Esta é uma característica dos cristãos que será recompensada. Os crentes são conhecidos por sua confiabilidade, veracidade e fidelidade.

Escrituras:

Mateus 25:21, NVI *"O senhor respondeu: 'Muito bem, servo bom e fiel! Você foi fiel no pouco, eu o porei sobre o muito. Venha e participe da alegria do seu senhor!"*

1 Timóteo 6:20, NVI *"Timóteo, guarde o que foi confiado a você. Evite as conversas inúteis e profanas e as ideias contraditórias do que é falsamente chamado conhecimento."*

1 Coríntios 4:2, NVI *"O que se requer desses encarregados é que sejam fiéis."*

Característica Explicada:

A confiabilidade é a prática da boa administração dos dons, talentos e recursos que temos; é a prática da honestidade e da fidelidade, e pode ser identificada por sermos constantemente confiáveis e responsáveis. A credibilidade é uma das principais características de alguém possui este valor. Pode-se ver até que ponto somos responsáveis pela maneira como tratamos os sentimentos e as posses de outras pessoas. A maioria das pessoas cuida de suas próprias coisas, mas raramente as pessoas se importam com os bens de terceiros. No Reino de Deus acreditamos no fato de que tudo pertence a Deus, e que somos meramente mordomos do que Lhe pertence. Para os crentes, é essencial que pratiquemos assumir responsabilidades e que vivamos para sermos dignos de mais confiança.

Aplicação Prática:

A pergunta que temos a nos fazer, portanto, é:

- *Sou uma pessoa constantemente confiável, com qual os outros podem contar?*
- *Sou honesto e digno de credibilidade?*
- *Assumo a responsabilidade por aquilo que faço e com o que me envolvo?*

Deve ser o nosso desejo e a nossa intenção ser pessoas a quem Deus possa confiar Seus dons mais preciosos. Assuma hoje a responsabilidade sobre as suas ações, reações e palavras. Viva e conduza-se de tal forma que demonstre às pessoas que você é digno de confiança, e alguém com quem se possa contar.

3

AMABILIDADE

Definição:

amabilidade é a capacidade de ser paciente e gentil, a qual se expressa por uma contínua misericórdia para com todas as pessoas.

Escrituras:

Mateus 11:29, NVI *"Tomem sobre vocês o Meu jugo e aprendam de Mim, pois sou manso e humilde de coração, e vocês encontrarão descanso para as suas almas"*

> **2 Timóteo 2:24, NVI** *"Ao servo do Senhor não convém brigar, mas sim, ser amável para com todos, apto para ensinar, paciente."*
>
> **Gálatas 5:5:22-23, NVI; Filipenses 4:5, NVI, Colossenses 3:12-14, NVI, 1 Timóteo 6:11, NVI**

Característica Explicada:

A amabilidade é a prática da ternura. Nós a praticamos quando estamos calmos e abordamos as situações com gentileza. Ter uma abordagem mais suave é considerado uma gentileza. Deus deseja que sejamos amáveis em nossas relações com as pessoas, mas também deseja que sejamos amáveis na forma como lidamos com situações difíceis e complexas. Uma das maiores expressões e exemplos de amabilidade foi como Jesus lidou com a mulher que foi pega em adultério. Ele teve uma abordagem mais gentil com ela. Ser amável é praticar a indulgência, ser gracioso e suave por decisão.

Aplicação Prática:

Deus deseja que aqueles que O professam como Senhor, em quem Ele depositou Seu Espírito Santo, sejam amáveis, e que essa amabilidade seja vista e conhecida por todos.

A pergunta que devemos nos fazer é:

- Eu permito que a doçura de Cristo seja notada pelos outros ao meu redor?
- Será que sou intencional e atenciosamente amável em situações difíceis?
- Como posso deixar que minha amabilidade seja mais visível para os outros, como Cristo quer que eu seja?
- Como é a amabilidade de Cristo, e será que estou aprendendo com Ele a ser amável e bondoso?

O cuidado e a consideração em responder a essas perguntas a respeito de nossas vidas certamente tornarão nossas naturezas e nossas condutas mais amáveis.

4

DISCERNIMENTO

Definição:

Discernimento é a capacidade de distinguir entre certo e errado, entre o que é conveniente ou não, e o que é melhor. É também a capacidade de estabelecer a diferença entre as coisas e entender claramente a distinção entre pensamentos, ideias e conceitos.

Escrituras:

Filipenses 1:10, NVI *"Para discernirem o que é melhor, a fim de serem puros e irrepreensíveis até o dia de Cristo."*

Filipenses 1:9-11, NVI; Hebreus 5:14, NVI; Ezequiel 44:23, NVI; Salmo 119:125, NVI; 1 Coríntios 12:10, NVI

Característica Explicada:

Discernimento é a capacidade de tomar decisões sensíveis com base em um julgamento sadio e seletivo, é a capacidade de julgar os fatos por si próprio. A Bíblia ensina que este é um valor que deve ser praticado e desenvolvido, como um dom que Deus nos dá, especialmente no que diz respeito às coisas espirituais. Exercitar constantemente esse valor nos ajudará muito a tomar decisões sábias e duradouras. O discernimento é a habilidade de distinguir entre o que é bom e o que é mau e valorizar fazer uma escolha pelo bem. O discernimento trata particularmente de fazer escolhas boas, positivas e edificantes. Pessoas que não usam o discernimento em suas vidas vivem descuidadamente e muitas vezes ficam surpresas quando o impacto de suas palavras e ações descuidadas e impensadas se tornam conhecidas.

Aplicação Prática:

Todos nós nos confrontamos com a necessidade de tomar decisões entre o bem e o mal todos os dias. Fazer uso desse valor é identificar se estamos decidindo pelo bem e não pelo mal. Hebreus 5 nos diz que é um valor adquirido pela prática de escolher o bem ao invés do mal. Amadurecemos em nossa fé quando utilizamos essa habilidade diligentemente.

Devemos nos perguntar:

- É uma decisão útil?
- Terá um impacto positivo nas pessoas?
- Pessoas serão edificadas através desta decisão?
- Será benéfico?
- Será uma decisão positiva?

Qualquer resposta não afirmativa a qualquer uma destas perguntas de sondagem, nos levará a cometer erros de discernimento.

Pessoas maduras fazem amplo uso do discernimento em suas vidas. Sua capacidade de discernir faz delas pessoas de grande entendimento.

5

VERACIDADE

Definição:

A veracidade é a capacidade de falar e agir de uma maneira honesta, aberta, justa, confiável e íntegra.

Escrituras:

Efésios 4:25, ARC *"Pelo que deixai a mentira e falai a verdade cada um com o seu próximo; porque somos membros uns dos outros."*

Salmo 15:2, NVI *"Aquele que é íntegro em sua conduta e pratica o que é justo; que de coração fala a verdade".*

Provérbios 22:20-21; Mateus 22:16, NVI; 1 Coríntios 4:17, NVI

Característica Explicada:

Ser sincero é ser honesto, direto, aberto, verdadeiro e confiável. Ser honesto é dar informações confiáveis, como elas são. A veracidade é um dos valores essenciais mais importantes para alguém que possui elevada integridade e caráter. As pessoas verdadeiras falam de maneira aberta e direta. Dizem as coisas como são e não como as pessoas querem ouvi-las, nem lhes acrescentam sua própria inclinação. A veracidade também está relacionada às próprias ações, que são consistentes com a fé e a integridade que professam. As pessoas verdadeiras vivem com integridade à sua posição moral e à sua fé.

Aplicação Prática:

Somos verdadeiros quando falamos o que é verdadeiro e confiável, quando somos honestos e abertos, quando defendemos os fatos com integridade de consciência. Que possamos sempre contar as coisas de forma confiável e fiel aos fatos. A veracidade deve ser refletida na maneira como vivemos diante de todos e em todas as circunstâncias. As pessoas verdadeiras vivem e falam na igreja o mesmo que vivem e falam em casa. Sempre que dizemos algo, devemos nos perguntar se é a verdade, se é compatível com os fatos. Devemos considerar nossas ações e nosso comportamento diante de todas as pessoas, se eles refletem verdadeiramente quem somos e o que defendemos. Devemos viver de tal forma que possamos manter nossa paz em todos os momentos.

6
GENEROSIDADE

Definição:

Generosidade é a capacidade de ser altruísta com disposição para compartilhar e doar livremente.

Escrituras:

Mateus 10:8, NVI *"Curem os enfermos, ressuscitem os mortos, purifiquem os leprosos, expulsem os demônios. Vocês receberam de graças, deem também de graça."*

Mateus 25:34-36, NVI *"Então o Rei dirá aos que estiverem à Sua direita: 'Venham benditos de Meu Pai! Recebam como herança o Reino que foi preparado para vocês desde a criação do mundo. Pois Eu tive fome, e vocês me deram de comer; tive sede, e vocês me deram de beber; fui estrangeiro, e vocês me acolheram; necessitei de roupas, e vocês me vestiram; estive enfermo, e vocês cuidaram de mim; estive preso, e vocês me visitaram."*

Atos 20:35, NVI *"Em tudo o que fiz, mostrei a vocês que mediante trabalho árduo devemos ajudar os fracos, lembrando as palavras do próprio Senhor Jesus, que disse: 'Há maior felicidade em dar do que em receber.'"*

Característica Explicada:

A **generosidade é a forma como expressamos gratidão** pelos dons e bênçãos que recebemos na vida, por meio da **retribuição**. É aquele **ato bondoso quando somos liberais** em nossas ofertas. Expressamos generosidade quando damos com alegria. A generosidade se expressa em tudo o que fazemos: ao sermos gentis, compassivos, amáveis ou fiéis; na verdade, o que quer que façamos, devemos ser generosos ao fazermos nossa doação. A generosidade é a expressão de uma atitude de coração. Algumas pessoas pensam que é preciso ser rico para ser generoso, mas já vi mais generosidade entre os pobres do que entre os ricos. O exemplo dos macedônios nos mostra o verdadeiro coração do espírito generoso; eles deram com alegria, apesar de sua extrema pobreza.

Aplicação Prática:

Quando nos doamos e doamos do que possuímos liberalmente, então somos generosos. Toda vez que demonstramos bondade sem reservas, somos generosos. Generosidade é quando abrimos nosso coração para mostrar e expressar gentileza. Mostramos generosidade quando nos dedicamos de coração em todas as situações para ver o que podemos fazer, e o fazemos. Os generosos dão sem reservas! São semeadores, valorizam a semente que têm e a semeiam. Procurem em seu coração maneiras de demonstrar generosidade.

7

BONDADE

Definição:

Bondade é aquela interação geralmente calorosa, amigável e bem-intencionada com os outros. É vista no cuidado e na consideração com que lidamos com as pessoas.

Escrituras:

Efésios 4:33, NVI *"Sejam bondosos e compassivos uns com os outros, perdoando-se mutuamente, assim como Deus os perdoou em Cristo."*

Colossenses 3:12, NVI *"Portanto, como povo escolhido de Deus, santo e amado, revistam-se de profunda compaixão, bondade, humildade, mansidão e paciência."*

Gálatas 5:22, NVI *"Mas o fruto do Espírito é amor, alegria, paz, paciência, amabilidade, bondade, fidelidade".*

Característica Explicada:

As principais características daqueles que **abraçam a bondade é serem atenciosos, carinhosos, bondosos e solidários na maneira como lidam com os outros**. Expressamos bondade sendo gentis, atenciosos e humanos no trato com as pessoas.

Aplicação Prática:

A pergunta que devemos fazer a nós mesmos é:

- Até que ponto sou bondoso em minhas respostas, gestos, ações e palavras?
- A bondade que pretendo mostrar é visível e perceptível aos outros, especialmente àqueles para quem pretendo demonstrar e expressar gentileza?

Tome antecipadamente a decisão de ser gentil e de praticar atos de bondade todos os dias. Diz-se que o sinal internacional mais evidente de bondade é um sorriso afetuoso e caloroso.

PARTE III
TESTE DE ASSIMILAÇÃO

Disciplina Espiritual: Serviço

1. Jesus ensinou a Seus discípulos sobre o *serviço*? _____SIM_____
_____
_____

2. Em caso afirmativo, cite os versículos que ilustram esses ensinamentos.
   _____Marcos 9:35 e João 13:14-17_____

1. Cite sete maneiras pelas quais os crentes podem se destacar em servir?
   Sendo os funcionários mais obedientes, 2. os funcionários mais diligentes, 3. os funcionários mais leais, 4. os funcionários mais humildes, 5. os funcionários mais fiéis, 6. os funcionários mais confiáveis, e 7. os funcionários mais obedientes.

Valores do Reino de Deus

3. Por que a confiabilidade é um valor tão importante no Reino?

4. Defina o valor *amabilidade*.

5. Como podemos ter mais *discernimento*?

6. O que significa ser *verdadeiro*?

7. Como podemos ser mais *generosos*?

. . .

8. O que significa ser *bondoso?*

_____
_____
_____
_____

NONA SEMANA

PARTE I
DISCIPLINA ESPIRITUAL:TESTEMUNHO

1

TESTEMUNHO

Jesus ensinou a Seus discípulos sobre **a disciplina espiritual do testemunho** quando ensinou-lhes pela primeira vez na montanha. Ele lhes disse que eram "luz" e "sal" e que deveriam deixar **"sua luz brilhar tanto que outros pudessem ver suas boas ações e glorificar seu Pai Celestial."** Foi uma instrução clara para sermos testemunhas da Luz do mundo.

Testemunhar requer o compromisso de sermos "<u>luz</u>" e "<u>sal</u>".

Mateus 5:13-16, NVI *"Vocês são o sal da terra. Mas se o sal perder o seu sabor, como restaurá-lo? Não servirá para nada, exceto para ser jogado fora e pisado pelos homens. Vocês são a luz do mundo. Não se pode esconder uma cidade construída sobre um monte. E, também, ninguém acende uma candeia e a coloca debaixo de uma vasilha. Ao contrário. Coloca-a no lugar apropriado, e assim ilumina a todos os que estão na casa. Assim brilhe a luz de vocês diante dos homens, para que vejam as suas boas obras e glorifiquem ao Pai de vocês, que está nos céus."*

Sermos uma **"luz"** significa nos comprometermos a nos expor publicamente como um exemplo para que outros possam ver a **luz de Cristo** brilhando em nossas vidas através das **boas obras** que praticamos e como vivemos. Ser "sal" exige que vivamos dignamente, defendendo os valores do Reino de Deus nos portando de maneira irrepreensível. Por outro lado, ser **testemunha** exige também que compartilhemos a Palavra de Deus oralmente.

Testemunhar requer o compromisso de <u>pregar</u> as Boas Novas.

Quando Jesus se despedia, antes de ascender ao céu, Ele deu a **Grande Comissão** a Seus Discípulos. A Grande Comissão exige que "saiamos" pelo mundo inteiro e preguemos as Boas Novas sobre Jesus Cristo e **discipulemos** pessoas, transformando-as em seguidores obedientes de Jesus Cristo.

> **Marcos 16:15, NVI** *"E disse-lhes: 'Vão pelo mundo todo e preguem o Evangelho a todas as pessoas."*

> **Marcos 16:20, NVI** *"Então, os discípulos saíram e pregaram por toda parte; e o Senhor cooperava com eles, confirmando-lhes a palavra com os sinais que a acompanhavam."*

Testemunhar requer o compromisso tanto de pregar quanto de <u>discipular</u>.

Jesus não só quer que Seus seguidores "**saiam pelo mundo inteiro e preguem o Evangelho**", Ele também quer que discipulemos aqueles cujos corações estão abertos e que respondem à mensagem do Evangelho que é pregada.

> **Mateus 28:19-20, NVI** *"Portanto, vão e façam discípulos de todas as nações, batizando-os em nome do Pai e do Filho e do Espírito Santo, [20] ensinando-os a obedecer a tudo o que Eu ordenei a vocês. E Eu estarei sempre com vocês, até o fim dos tempos."*

E foi exatamente isso o que a igreja de Atos fez; eles pregaram e fizeram discípulos. Jesus nos instruiu a **pregar** o Evangelho e a **ensinar** a nossos discípulos tudo o que Ele nos ensinou, como a igreja primitiva fez. Foi esta ampla adoção da instrução final que o Senhor deu a Seus discípulos que fez com que ela se tornasse a **Grande Comissão**.

> Atos 11:19-21, NVI *"Os que tinham sido dispersos por causa da perseguição desencadeada com a morte de Estêvão chegaram até a Fenícia, Chipre e Antioquia, anunciando a mensagem apenas aos judeus. Alguns deles, todavia, cipriotas e cireneus, foram a Antioquia e começaram a falar também aos gregos, contando-lhes as boas-novas a respeito do Senhor Jesus. A mão do Senhor estava com eles, e muitos creram e se converteram ao Senhor"*

> Atos 11:25-26, NVI *"Então Barnabé foi a Tarso procurar Saulo e, quando o encontrou, levou-o para Antioquia. Assim, durante um ano inteiro Barnabé e Saulo se reuniram com a igreja e ensinaram a muitos. Em Antioquia, os discípulos foram pela primeira vez chamados cristãos."*

Vemos este padrão ser replicado em muitos relatos nos Atos dos Apóstolos. Não é de se admirar que a igreja primitiva tenha crescido de maneira tão exponencial.

Acredito, consigo enxergar, que experimentaremos o mesmo impacto e transformação nas nações que os apóstolos e a igreja primitiva experimentaram, se abraçarmos novamente, como corpo de Cristo, como cristãos, a **Grande Comissão** como a nossa missão. Cobriremos a terra com as Boas Novas de Jesus Cristo.

Como crerão se ninguém lhes contar?

"Como, pois, invocarão aquele em quem não creram? E como crerão naquele de quem não ouviram falar? E como ouvirão, se não houver quem pregue? E como pregarão, se não forem enviados? Como está escrito: 'Como são belos os pés dos que anunciam as boas-novas!"

Romanos 10:14:15, NVI

Jesus estabeleceu o modelo de pregação e discipulado

Jesus começou Seu ministério terrestre fazendo exatamente assim. Ele pregou a mensagem de arrependimento por todos os lugares aonde foi. João Batista também começou seu ministério pregando. Os apóstolos fizeram o mesmo. Não é de se admirar que eles tenham conseguido alcançar o mundo inteiro com o Evangelho pois eles saíram, pregaram, deram testemunho e discipularam os novos crentes.

> **Mateus 3:1-2, NVI** *"Naqueles dias, surgiu João Batista, pregando no deserto da Judeia. Ele dizia: 'Arrependam-se, pois o Reino dos céus está próximo."*

> **Mateus 4:17, NVI** *"Daí em diante Jesus começou a pregar: 'Arrependam-se pois o Reino dos céus está próximo".*

Como resultado desta pregação, Jesus encontrou Seus primeiros discípulos. Vemos este processo ser modelado por Jesus no Evangelho de Lucas. Primeiro Jesus pregou, depois realizou um milagre e então Pedro se ajoelhou diante de Jesus e O seguiu como discípulo.

> **Lucas 5:1, NVI** *"Certo dia Jesus estava perto do lago de Genesaré, e uma multidão O comprimia de todos os lados para ouvir a palavra de Deus."*

Jesus realizou um milagre que os espantou. Um dos elementos consistentes que testemunhamos no trabalho da igreja primitiva era sua obediência apaixonada por "**pregar**" sobre Jesus, "**realizar milagres, sinais e maravilhas**", e "**discipular**". Em meio a uma perseguição severa, a igreja avançou e até conquistou o hostil Império Romano.

> **Lucas 5:8-9, NVI** *"Quando Simão Pedro viu isso, prostrou-se aos pés de Jesus e disse: 'Afasta-te de mim, Senhor, porque sou um homem pecador!' Pois ele e todos os seus companheiros estavam perplexos com a pesca que haviam feito".*

Em várias ocasiões, vemos este mesmo padrão de ministério ser reproduzido também: pregação, milagres, arrependimento e pessoas se tornando seguidoras.

> **Lucas 5:10-11, NVI** *"[...] Jesus disse a Simão: 'Não tenha medo; de agora em diante você será pescador de homens'. Eles então arrastaram seus barcos para a praia, deixaram tudo e o seguiram."*

Esses primeiros discípulos do Senhor testemunharam em primeira mão um milagre, que os impactou ao ponto de Pedro car de joelhos e confessar que era pecador. O impacto de nossa pregação – ou falar a Palavra de Deus – deveria ter como resultado que as pessoas colocassem sua fé em Jesus.

Pedro pregava, realizava <u>milagres</u> e discipulava aonde quer que fosse.

O Apóstolo Pedro foi um exemplo de prática desta disciplina espiritual desde os primórdios da fundação da Igreja. Foi ele quem se levantou no dia de Pentecostes e pregou aquela mensagem que fez com que 3.000 pessoas viessem a Cristo.

Atos 2:14, NVI *"Então Pedro levantou-se com os Onze e, em alta voz, dirigiu-se à multidão: 'Homens da Judeia e todos os que vivem em Jerusalém, deixem-me explicar isto! Ouçam com atenção."*

Atos 2:22, NVI *"Israelitas, ouçam estas palavras: Jesus de Nazaré foi aprovado por Deus diante de vocês por meio de milagres, maravilhas e sinais que Deus fez entre vocês por intermédio Dele, como vocês mesmos sabem."*

Atos 2:31-33, NVI *"Prevendo isso, falou da ressurreição do Cristo, que não foi abandonado no sepulcro e cujo corpo não sofreu decomposição. Deus ressuscitou esse Jesus, e todos nós somos testemunhas desse fato. Exaltado à direita de Deus, Ele recebeu do Pai o Espírito Santo prometido e derramou o que vocês agora veem e ouvem."*

Atos 2:36-41, NVI *"Portanto, que todo o Israel fique certo disto: Este Jesus, a quem vocês crucificaram, Deus o fez Senhor e Cristo'. Quando ouviram isso, ficaram aflitos em seu coração e perguntaram a Pedro e aos outros apóstolos: 'Irmãos, que faremos?' Pedro respondeu: 'Arrependam-se, e cada um de vocês seja batizado em nome de Jesus Cristo para perdão dos seus pecados, e receberão o dom do Espírito Santo. Pois a promessa é para vocês, para os seus filhos e para todos os que estão longe, para todos quantos o Senhor, o nosso Deus, chamar.' Com muitas outras palavras os advertia e insistia com eles: 'Salvem-se desta geração corrompida!' Os que aceitaram a mensagem foram batizados, e naquele dia houve um acréscimo de cerca de três mil pessoas."*

Em muitas outras ocasiões, vemos o mesmo padrão de testemunho ser seguido: milagres, pregações e pessoas depositando sua fé em Jesus Cristo. Em Atos dos Apóstolos, capítulo três, lemos sobre o mendigo aleijado de nascença sendo curado, ao que se seguiu uma oportunidade de compartilhar sobre Jesus de Nazaré. Cinco mil pessoas vieram ao Senhor como resultado desse testemunho sobre o Senhor Jesus sendo o Cristo e o Messias ressuscitado.

> **Atos 3:9-10, NVI** *"Quando todo o povo o viu andando e louvando a Deus, reconheceu que era ele o mesmo homem que costumava mendigar sentado à porta do templo chamada Formosa. Todos ficaram perplexos e muito admirados com o que lhe tinha acontecido."*

O foco de sua mensagem era claro: arrependam-se, para que seus pecados possam ser apagados, e para que tempos de refrigério possam chegar.

> **Atos 3:19, NVI** *"Arrependam-se, pois, e voltem-se para Deus, para que os seus pecados sejam cancelados"*.

O impacto do trabalho do Senhor com Pedro enquanto ele testemunhava sobre o Senhor Jesus era incrível. Primeiro, os saduceus e mestres da lei ficaram tão furiosos com a mensagem de Pedro e João sobre a ressurreição de Jesus Cristo que os aprisionaram, mas o impacto da mensagem foi tão poderoso que 5.000 pessoas creram. Depois disso, porém, Pedro e João, após a prisão, saíram ainda mais fortes e continuaram na obra do Senhor.

> **Atos 4:2, NVI** *"Eles estavam muito perturbados porque os apóstolos estavam ensinando o povo e proclamando em Jesus a ressurreição dos mortos."*

> **Atos 4:4, NVI** *"Mas muitos dos que tinham ouvido a mensagem creram, chegando o número dos homens que creram a perto de cinco mil."*

O impacto indiscutível foi claro para todos em Jerusalém e em outros lugares. Cada vez mais pessoas acreditavam no Senhor, tanto como resultado da demonstração do Poder de Deus, como também de ouvir a mensagem que foi entregue pelos Apóstolos.

Os Apóstolos curavam muitos doentes

> **Atos 5:12, NVI** *"Os apóstolos realizavam muitos sinais e maravilhas no meio do povo. Todos os que creram costumavam reunir-se no Pórtico de Salomão."*

> **Atos 5:14, NVI** *"Em número cada vez maior, homens e mulheres criam no Senhor e lhes eram acrescentados, de modo que o povo também levava os doentes às ruas e os colocava em camas e macas, para que pelo menos a sombra de Pedro se projetasse sobre alguns, enquanto ele passava."*

Os primeiros cristãos também pregavam em todos os lugares.

Os primeiros cristãos espalharam a Palavra de Deus por todos os lugares a que foram; o Evangelho era pregado em todos os lugares. Pregar é levar a mensagem de que Jesus é o Filho de Deus, e que colocando sua fé Nele como seu Senhor e Salvador, Ele pode salvá-lo.

> **Atos 8:4, NVI** *"Os que haviam sido dispersos pregavam a palavra por onde quer que fossem."*

> **Atos 11:19-21, NVI** *"Os que tinham sido dispersos por causa da perseguição desencadeada com a morte de Estêvão chegaram até a Fenícia, Chipre e Antioquia, anunciando a mensagem apenas aos judeus. Alguns deles, todavia, cipriotas e cireneus, foram a Antioquia e começaram a falar também aos gregos, contando-lhes as boas-novas a respeito do Senhor Jesus. A mão do Senhor estava com eles, e muitos creram e se converteram ao Senhor."*

Vemos como as palavras de Jesus se cumpriram através destes crentes, quando se tornaram testemunhas na Judeia, Samaria e até os confins da Terra. Aqui temos um relato deles pregando aos gregos e, mais tarde, também aos samaritanos.

Filipe prega aos Samaritanos

Filipe foi um dos cristãos dispersos devido à perseguição que eclodiu em Jerusalém. Em vez de recuar, eles foram e espalharam o Evangelho por toda parte, até mesmo para os samaritanos, o que era totalmente contracultural para eles naquela época.

> **Atos 8:5, NVI** *"Indo Filipe para uma cidade de Samaria, ali lhes anunciava o Cristo."*

> **Atos 8:12, NVI** *"No entanto, enquanto Filipe lhes pregou as boas-novas do Reino de Deus e do nome de Jesus Cristo, creram Nele e foram batizados, tanto homens como mulheres."*

> **Atos 8:25, NVI** *"Tendo testemunhado e proclamado a palavra do Senhor, Pedro e João voltaram a Jerusalém, pregando o Evangelho em muitos povoados samaritanos."*

Paulo começa a pregar <u>imediatamente após a sua salvação.</u>

O Apóstolo Paulo, assim que se entregou ao Senhor, começou imediatamente a pregar e a provar que Jesus era o Messias.

> **Atos 9:20, NVI** *"Logo começou a pregar nas sinagogas que Jesus é o Filho de Deus."*

Foi esta obediência à "Grande Comissão" que transformou o mundo inteiro para Jesus. No capítulo 16 de Atos vemos outro exemplo do impacto da pregação do Evangelho e do testemunho sobre o Senhor Jesus. Depois que Paulo teve sua *"visão macedônica"*, ele e seus companheiros partiram para a Macedônia para pregar a boa-nova de Jesus.

> **Atos 16:10, NVI** *"Depois que Paulo teve essa visão, preparamo-nos imediatamente para partir para a Macedônia, concluindo que Deus nos tinha chamado para lhes pregar o Evangelho."*

> **Atos 16:13-14, NVI** *"No sábado saímos da cidade e fomos para a beira do rio, onde esperávamos encontrar um lugar de oração. Sentamo-nos e começamos a conversar com as mulheres que haviam se reunido ali. Uma das que ouviam era uma mulher temente a Deus chamada Lídia, vendedora de tecido de púrpura, da cidade de Tiatira. O Senhor abriu seu coração para atender à mensagem de Paulo."*

O que aprendemos sobre **testemunhar** com a vida dos apóstolos e dos cristãos de Atos é que eles **pregavam** em todos os lugares e que o Senhor realmente **trabalhou com eles para confirmar a Palavra**.

Como podemos colocar em prática esta disciplina espiritual?

1. Faça da <u>Grande Comissão</u> a missão da sua vida.

Isto significa que você se compromete a abraçar todos os diferentes aspectos da Grande Comissão e a cumpri-la diariamente. É a coisa mais natural para os novos crentes compartilhar sua nova fé em Jesus. Eu o encorajo a fazer disto a missão e disciplina de toda uma vida: compartilhar a sua fé com os outros.

2. **Assuma o compromisso de calçar os "<u>sapatos</u> da prontidão" para compartilhar sua fé.**

Somos encorajados a vestir diariamente a "**armadura completa de Deus**". Uma das partes essenciais da "**armadura de Deus**" são os "**sapatos da prontidão**". Estar preparado provoca em nós uma expectativa que mantém nossos olhos abertos para quando a oportunidade surgir.

Estar preparados nos deixa menos ansiosos quando temos a oportunidade de compartilhar e também mais ousados e confiantes, pois esperamos ver como o Senhor abrirá seus corações para recebê-Lo como seu Senhor e Salvador.

> **Efésios 6:15, NVI** *"E tendo os pés calçados com a prontidão do Evangelho da paz."*

> **Efésios 6:15, NTLH** *"E calcem, como sapatos, a prontidão para anunciar a boa notícia de paz."*

Nossa preparação para cada dia deve incluir a disponibilidade para compartilhar a esperança que temos em Jesus, enquanto procuramos manter nosso bom comportamento.

> **1 Pedro 3: 15-16, NVI.** *"Antes, santifiquem Cristo como Senhor em seu coração. Estejam preparados para responder a qualquer pessoa que pedir a razão da esperança que há em vocês. Contudo, façam isso com mansidão e respeito, conservando boa consciência, de forma que os que falam maldosamente contra o procedimento de vocês, porque estão em Cristo, fiquem envergonhados de suas calúnias."*

3. Aprenda a compartilhar o Evangelho como os apóstolos fizeram.

Uma das principais razões pelas quais as pessoas não compartilham sua fé, segundo pesquisa de Lesli White da Beliefnet.com[1], é que as pessoas *"sentem não ter conhecimento suficiente"* para compartilhar o Evangelho.

O Evangelho

A estratégia e o conteúdo que os Apóstolos e os primeiros cristãos usaram para compartilhar o Evangelho estão bem registrados no Novo Testamento. A estratégia foi biblicamente fundamentada e buscou-se, intencionalmente, a orientação do Espírito Santo. Eles usaram a Palavra de Deus em quase todos os relatos de testemunhos sobre Jesus, e dependiam fortemente do Espírito Santo para trazer convicção, e do Senhor para confirmar Sua Palavra através de sinais e maravilhas. Eles suplicavam àqueles que os ouviam que se reconciliassem com Deus, que se arrependessem de seus pecados e que aceitassem Jesus Cristo como Senhor.

O Apóstolo Paulo, quando se dirigiu à Igreja em Corinto, lembrou-lhes a mensagem evangélica pela qual foram salvos:

> **1 Coríntios 15:1-8, NVI** *"Irmãos, quero lembrá-los do Evangelho que preguei a vocês, o qual vocês receberam e no qual estão firmes. Por meio deste Evangelho vocês são salvos, desde que se apeguem firmemente à palavra que preguei; caso contrário, vocês terão crido em vão. Pois o que primeiramente lhes transmiti foi o que recebi: que Cristo morreu pelos nossos pecados, segundo as Escrituras, foi sepultado e ressuscitou no terceiro dia, segundo as Escrituras, e apareceu a Pedro e depois aos Doze. Depois disso apareceu a mais de quinhentos irmãos de uma só vez, a maioria dos quais ainda vive, embora alguns já tenham adormecido. Depois apareceu a Tiago e, então a todos os apóstolos; depois destes apareceu também a mim, como a um que nasceu fora do tempo."*

O Evangelho é sobre Jesus Cristo, que morreu pelos nossos pecados, em nosso lugar, para nos salvar, mas depois ressuscitou dos mortos e está vivo. Agora servimos ao Deus vivo! A validação das Escrituras é notável em toda esta mensagem e em toda a pregação de Jesus, de Seus discípulos e nos numerosos relatos de onde lemos sobre a pregação dos primeiros cristãos.

De acordo com as Escrituras, Cristo morreu pelos nossos pecados.

Cristo morreu por nós quando ainda estávamos mortos em

nossos pecados. Todos pecamos e necessitamos de um salvador. Cristo é o nosso Salvador.

> *Isaías 53:5*, NVI *"Mas Ele foi traspassado por causa das nossas transgressões, foi esmagado por casa de nossas iniquidades; o castigo que nos trouxe paz estava sobre Ele, e pelas Suas feridas fomos curados."*

> *João 1:29*, NVI *"No dia seguinte, João viu Jesus aproximando-se e disse: 'Vejam! É o Cordeiro de Deus, que tira o pecado do mundo!"*

> *1 Pedro 2:24*, NVI *"Ele mesmo levou em Seu corpo os nossos pecados sobre o madeiro, a fim de que morrêssemos para os pecados e vivêssemos para a justiça; por Suas feridas vocês foram curados."*

Cristo ressuscitou dos mortos para nos oferecer uma esperança viva e a vida eterna.

Acreditamos que Cristo foi sepultado, e depois ressuscitou dos mortos. Ele está vivo e oferece vida eterna a todos os que Nele acreditam. Vivemos esta vida para Ele, para que vivamos com Ele na eternidade.

> *1 Coríntios 15:19-20,22*, NVI *"Se é somente para esta vida que temos esperança em Cristo, somos, de todos os homens, os mais dignos de compaixão. Mas de fato Cristo ressuscitou dentre os mortos, sendo Ele as primícias entre aqueles que dormiram. Pois, da mesma forma que em Adão todos morreram, em Cristo todos serão vivificados."*

> *João 3:16*, NVI *"Porque Deus tanto amou o mundo que deu o Seu Filho Unigênito, para que todo o que Nele crer não pereça, mas tenha a vida eterna."*

> **João 6:40, NVI** *"Porque a vontade de meu Pai é que todo aquele que olhar para o Filho e Nele crer tenha a vida eterna, e Eu o ressuscitarei no último dia."*

Cristo está voltando para nos levar para com Ele estarmos para sempre.

Jesus está voltando! Está voltando para nos levar para estarmos com Ele para sempre. Ele também está vindo para nos recompensar por nossa caminhada Nele. Todos nós estaremos diante Dele, alguns para receberem sua recompensa eterna e outros para serem enviados à condenação eterna.

> **Mateus 16:27, NVI** *"Pois o Filho do homem virá na glória de seu Pai, com os Seus anjos, e então recompensará a cada um de acordo com o que tenha feito."*

> **João 14:3, NVI** *"E quando Eu for e lhes preparar lugar, voltarei e os levarei para Mim, para que vocês estejam onde Eu estiver."*

> **1 Tessalonicenses 4: 16-17, NVI** *"Pois, dada a ordem, com a voz do arcanjo e o ressoar da trombeta de Deus, o próprio Senhor descerá dos céus, e os mortos em Cristo ressuscitarão primeiro. [17] Depois nós, os que estivermos vivos, seremos arrebatados com eles nas nuvens, para o encontro com o Senhor nos ares. E assim estaremos com o Senhor para sempre."*

Nós O recebemos como Senhor confessando nossos pecados e Lhe pedindo para ser nosso Senhor.

Recebemos o perdão quando nos arrependemos e confessamos nossos pecados. Seu sangue nos lava e nos purifica.

> **Romanos 10:9, NVI** *"Se você confessar com sua boca que Jesus é o*

Senhor e crer em seu coração que Deus o ressuscitou dentre os mortos, será salvo."

Peter concluiu sua mensagem no dia de Pentecostes com um chamado ao arrependimento.

Atos 2:38, NVI *"Pedro respondeu: 'Arrependam-se, e cada um de vocês seja batizado em nome de Jesus Cristo para perdão dos seus pecados, e receberão o dom do Espírito Santo."*

O próprio Jesus ensinou essa mensagem evangélica a Seus discípulos.

Lucas 24:46-47, NVI *"E lhes disse: 'Está escrito que o Cristo haveria de sofrer e ressuscitar dos mortos no terceiro dia, e que em Seu nome seria pregado o arrependimento para perdão de pecados a todas as nações, começando por Jerusalém."*

A Mensagem do Evangelho deve estar enraizada na <u>Palavra de Deus</u>

Sempre que Jesus pregava, Ele se referia à Palavra de Deus. Quando Pedro se levantou no dia de Pentecostes e entregou aquela primeira mensagem do Evangelho, ela foi baseada em referências bíblicas. Duas vezes na primeira mensagem, ele se referiu às Escrituras.

Atos 2:14,16, NVI *"Então Pedro levantou-se com os Onze e, em alta voz, dirigiu-se à multidão: 'Homens da Judeia e todos os que vivem em Jerusalém, deixem-me explicar isto! Ouçam com atenção: [...] Ao contrário, isto é o que foi predito pelo profeta Joel."*

Atos 2:25 *"A respeito Dele, disse Davi: 'Eu sempre via o Senhor* *diante de mim. Porque Ele está à minha direita, não serei abalado."*

Quando Pedro e João estiveram no Pórtico de Salomão, na ocasião em que Pedro curou o aleijado, Pedro incluiu em seu discurso referências a Moisés e aos profetas.

> **Atos 3:22-25, NVI** *"Pois disse Moisés: 'O Senhor Deus levantará dentre seus irmãos um profeta como eu; ouçam em tudo o que ele disser. Quem não ouvir esse profeta, será eliminado do meio do seu povo'. De fato, todos os profetas, de Samuel em diante, um por um, falaram e predisseram estes dias. E vocês são herdeiros dos profetas e da aliança que Deus fez com os seus antepassados. Ele disse a Abraão: 'Por meio da sua descendência todos os povos da terra serão abençoados."*

Pedro e João foram levados perante o Sinédrio por causa de sua pregação e do milagre da cura do aleijado, Pedro novamente se referiu às Escrituras:

> **Atos 4: 10-12, NVI** *"Saibam os senhores e todo o povo de Israel que por meio do nome de Jesus Cristo, o Nazareno, a quem os senhores crucificaram, mas a quem Deus ressuscitou dos mortos, este homem está aí curado diante dos senhores. Este Jesus é 'a pedra que vocês, construtores, rejeitaram, e que se tornou a pedra angular'. Não há salvação em nenhum outro, pois, debaixo do céu não há nenhum outro nome dado aos homens pelo qual devamos ser salvos".*

Quando Estevão falou em Atos 7, ele se referiu à Palavra em sua mensagem. Na ocasião em que Filipe falou ao eunuco, quando o Espírito Santo o dirigiu para ir lá, a mensagem foi baseada nas Escrituras.

A Palavra de Deus é verdadeiramente **viva** e **ativa** e capaz de trabalhar poderosamente em nós. Quanto mais a permitirmos em nossos lábios mais desbloquearemos seu Poder de produzir mudança e transformação na vida das pessoas ao nosso redor.

O Evangelho deve ter como centro Jesus Cristo, o <u>Filho</u> de Deus.

Sempre que os apóstolos e os primeiros cristãos pregavam e compartilhavam o Evangelho, eles sempre tinham Jesus Cristo como centro. Todo o Evangelho tem como centro a obra salvadora de Jesus Cristo na cruz do calvário. Não se trata de você ou de mim; trata-se de Jesus, e de colocarmos Nele a nossa fé.

> **Atos 2:22-24, NVI** *"Israelitas, ouçam estas palavras: Jesus de Nazaré foi aprovado por Deus diante de vocês por meio de milagres, maravilhas e sinais que Deus fez entre vocês por intermédio Dele, como vocês mesmos sabem. Este homem foi entregue por propósito determinado e pré-conhecimento de Deus; e vocês, com a ajuda de homens perversos, O mataram, pregando-O na cruz. Mas Deus O ressuscitou dos mortos, rompendo os laços da morte, porque era impossível que a morte O retivesse."*

> **Atos 2:32-33** *"Deus ressuscitou este Jesus, e todos nós somos testemunhas desse fato. Exaltado à direita de Deus, Ele recebeu do Pai o Espírito Santo prometido e derramou o que vocês agora veem e ouvem."*

A cada momento, Pedro e os demais crentes testemunhavam sobre Jesus, o Cristo ressuscitado.

> **Atos 3:16, NVI** *"Pela fé no nome de Jesus, o Nome curou este homem que vocês veem e conhecem. A fé que vem por meio dele lhe deu esta saúde perfeita, como todos podem ver."*

> **Atos 3:18-20, NVI** *"Mas foi assim que Deus cumpriu o que tinha predito por todos os profetas, dizendo que o seu Cristo haveria*

de sofrer. Arrependam-se, pois, e voltem-se para Deus, para que os seus pecados sejam cancelados, para que venham tempos de descanso da parte do Senhor, e Ele mande o Cristo, o qual lhes foi designado, Jesus.

A mensagem do Evangelho é recebida pela <u>fé em Jesus</u> como Senhor.

O Evangelho é recebido pela confissão e pela fé, recebendo Cristo como Senhor.

Romanos 10:9-10, NVI *"Se você confessar com a sua boca que Jesus é Senhor e crer em seu coração que Deus o ressuscitou dentre os mortos, será salvo. Pois com o coração se crê para justiça, e com a boca se confessa para salvação."*

Romanos 10:13, NVI *"Porque todo aquele que invocar o nome do Senhor será salvo."*

A pregação do Evangelho foi sempre acompanhada de um forte senso de <u>arrependimento</u> por parte dos ouvintes.

Quando Pedro se levantou no meio dos Doze e pregou no dia de Pentecostes, um profundo arrependimento veio sobre todos aqueles que ouviram a Palavra de Deus. Foi a mesma forte convicção que acompanhava suas mensagens na Sinagoga e em qualquer lugar que eles pregassem a Palavra. A Palavra de Deus é viva e ativa. O Evangelho é o poder de Deus para mudar vidas.

Atos 2:37-40, NVI *"Quando ouviram isso, ficaram aflitos em seu coração e perguntaram a Pedro e aos outros apóstolos: 'Irmãos, que faremos?' Pedro respondeu: 'Arrependam-se, e cada um de vocês seja batizado em nome de Jesus Cristo para perdão dos seus pecados, e receberão o dom do Espírito Santo. Pois a promessa é para vocês, para os seus filhos e para todos os que*

> estão longe, para todos quantos o Senhor, o nosso Deus,
> chamar.' Com muitas outras palavras os advertia e insistia com
> eles: 'Salvem-se desta geração corrompida!'"

> **Atos 11:21** "*A mão do Senhor estava com eles, e muitos creram e se
> converteram ao Senhor.*"

Quando Paulo escreveu à Igreja em Tessalônica, ele os lembrou de como haviam recebido o Evangelho: com profunda convicção.

> **1 Tessalonicenses 1:4-5, NVI** "*Sabemos, irmãos, amados de Deus,
> que Ele os escolheu porque o nosso Evangelho não chegou a
> vocês somente em palavra, mas também em poder, no Espírito
> Santo e em plena convicção. Vocês sabem como procedemos
> entre vocês, em seu favor.*"

A Mensagem Prática do Evangelho

Esta é uma maneira de compartilhar o Evangelho que é fácil de se lembrar:

1. Introdução

Você conhece Jesus Cristo?

Posso lhe falar sobre Ele?

Lembre-se, o Evangelho é sobre as pessoas colocarem sua fé em Jesus Cristo. Não é sobre elas nem sobre você; é sobre Jesus. Você deseja reconciliá-las com Deus através da fé em Jesus. No momento em que começamos a testemunhar sobre Ele, o poder de Deus para salvar as pessoas é ativado e Deus começa a trabalhar com você para abrir seus corações para salvá-las. Deus precisa de um mensageiro e assim que você se torna Seu mensageiro, o Espírito Santo e Jesus começam a fazer a parte Deles para trazer convicção para salvar os seus ouvintes.

2. Ser humano

A humanidade é como um rebanho sem pastor e se vê presa em seus pecados. Muitos perseguem coisas que os fazem sentir-se vivos, mas na verdade, tentam lidar com a sensação de estarem vazios e buscam encontrar o propósito de suas existências. Muitos se sentem mortos por dentro, embora possam parecer bem-sucedidos aos olhos dos outros.

Encontramos a razão disso na Bíblia:

Todos nós pecamos e estamos mortos em nossos pecados. Adão e Eva pecaram no Éden. Através de seu pecado, o pecado e a morte espiritual vieram para toda a humanidade. Todos nós somos pecadores e precisamos de um Salvador que possa nos salvar de nosso pecado e nos dar vida.

> **Romanos 3:23** *"Pois todos pecaram e estão destituídos da glória de Deus."*

> **1 Coríntios 15:22, NVI** *"Pois da mesma forma que em Adão todos morrem, em Cristo todos serão vivificados."*

3. Deus

Deus nos ama tanto que enviou Seu Filho para pagar o preço da redenção de nossos pecados. Ele agora oferece salvação a todos os que aceitam e creem em Seu Filho.

> **João 3:16, NVI** *"Porque Deus tanto amou o mundo que deu o Seu Filho Unigênito, para que todo o que Nele crer não pereça, mas tenha a vida eterna."*

4. Jesus Cristo

Jesus Cristo é o Filho de Deus, que foi concebido pelo Espírito Santo, e nasceu da Virgem Maria. Ele foi crucificado, morreu por nossos pecados, e foi sepultado. No terceiro dia Ele ressuscitou, vencendo a morte, para dar a vida eterna a todos que Nele creem.

> **Isaías 53:5, NVI** *"Mas Ele foi traspassado por causa das nossas transgressões, foi esmagado por causa de nossas iniquidades; o castigo que nos trouxe paz estava sobre Ele, e pelas suas feridas fomos curados."*

> **João 1:29, NVI** *"No dia seguinte, João viu Jesus aproximando-se e disse: 'Vejam! É o Cordeiro de Deus, que tira o pecado do mundo!'"*

Nós nos apropriamos desta graciosa obra de Cristo, colocando nossa Fé Nele para nos salvar.

5. Eu Creio

É valioso que declaremos nossa fé e aquilo em que acreditamos. Assim fazendo, estaremos compartilhando a nossa fé; estaremos testemunhando. Aqui está uma versão do Credo dos Apóstolos, que compartilhamos. Aprenda isto de cor e declare a sua fé.

> *Creio em Deus, Pai todo-poderoso, Criador do céu e da terra.*
> *E em Jesus Cristo, Seu Filho unigênito, nosso Senhor,*
> *o qual foi concebido pelo Espírito Santo,*
> *nasceu da virgem Maria,*
> *padeceu sob o poder de Pôncio Pilatos,*
> *foi crucificado, morto e sepultado,*
> *desceu ao mundo dos mortos,*
> *ressuscitou no terceiro dia, subiu ao céu,*
> *e está sentado à direita de Deus Pai, todo-poderoso,*

de onde virá para julgar os vivos e os mortos.
Creio no Espírito Santo,
na santa Igreja cristã, na comunhão dos santos,
na remissão dos pecados,
na ressurreição do corpo e na vida eterna. Amém.[2]

Você pode estar se perguntando:

O que eu devo fazer para crer em Jesus?

Ponha a sua confiança e a sua fé em Jesus.

Somos salvos quando confessamos os nossos pecados e a nossa fé em Jesus Cristo como Senhor e Salvador. Deus Pai ofereceu a vida eterna a todos os que acreditassem em Seu Filho, Jesus Cristo. Quando nos arrependemos de nossos pecados, Ele nos perdoa e restaura nosso relacionamento com Deus.

> **Romanos 10:9-10, NVI** *"Se você confessar com a sua boca que Jesus é Senhor e crer em seu coração que Deus o ressuscitou dentre os mortos, será salvo. Pois com o coração se crê para justiça, e com a boca se confessa para salvação."*

> **Romanos 10:13, NVI** *"Porque todo aquele que invocar o nome do Senhor será salvo."*

Depois de compartilhar com as pessoas sobre como receber Jesus como seu Senhor e Salvador, pergunte se elas querem aceitar Jesus, e então você pode perguntar se você poderia conduzi-las em uma oração pela salvação.

Você quer abrir seu coração e pedir a Jesus que entre em sua vida?

Posso guiá-lo em uma Oração de Salvação?

Oração de Salvação

Deus Pai Celestial, confesso que sou um pecador. Eu me arrependo de meus pecados e peço o Seu perdão. Peço que seja meu Senhor e Salvador. Por favor, perdoe-me, salve-me do meu pecado e faça de mim Seu filho hoje. Lava-me com o Seu Sangue, limpa-me com o Poder do Seu Espírito Santo. Em Nome de Jesus, eu oro. Amém.

PARTE II
VALORES DO REINO DE DEUS

2
VIGILÂNCIA

Definição:

Vigilância é o ato de se prestar muita atenção à própria vida e à vida dos outros, especialmente pelo impacto positivo que tem sobre os outros, por amor a Cristo.

Escrituras:

Mateus 16:6, NVI *"Disse-lhes Jesus: 'Estejam atentos e tenham cuidado com o fermento dos fariseus e dos saduceus."*

Marcos 13:33,35-37, NVI *"Fiquem atentos! Vigiem! Vocês não sabem quando virá esse tempo. Portanto, vigiem, porque vocês não sabem quando o dono da casa voltará: se à tarde, à meia-noite, ao cantar do galo ou ao amanhecer. Se ele vier de repente, que não os encontre dormindo! O que digo a vocês, digo a todos: Vigiem!"*

Lucas 12:15, NVI; Tito 2:12; Hebreus 2:1-4, NVI; Marcos 14:38, NVI; Atos 20:28, NVI; 2 Coríntios 10:5, NVI

Característica Explicada:

A vigilância é o ato de estar alerta e atento: alerta quanto a possíveis perigos e situações ou influências perigosas e, ao mesmo tempo, observar o próprio exemplo em cada situação de vida. A vigilância também se define como um estado de alerta, de atenção, de conscientização, de prudência e de prontidão para se exercer com entusiasmo e vigilância. A vigilância exige que nos comprometamos a manter cativos os pensamentos indisciplinados e erráticos. A vigilância é também a característica de sermos cautelosos e de estarmos em guarda.

Aplicação Prática:

Perguntas que devemos nos fazer:

1. Sou atento e vigilante o suficiente para perceber influências nocivas?
2. Será que sou vigilante o bastante para montar guarda e proteção sobre a minha vida e a de outras pessoas quando vejo surgir uma situação de perigo?

Uma das maneiras de se manter atento é colocar diariamente a armadura de Deus. O exercício mental e em oração da armadura de Deus ao longo do tempo nos protege e nos prepara para estarmos mais atentos, conscientes e vigilantes. Para nós, como crentes, é também a consciência diária de esperar ansiosamente pelo retorno do nosso Senhor. Devemos estar prontos quando o Senhor Jesus retornar; Ele deve nos encontrar ocupados com Seu trabalho e dedicando-nos às tarefas que Ele nos deu para fazer. Estejamos atentos às nossas vidas, para mantê-las puras e alinhadas com Deus. Vigiem!

3

PERSEVERANÇA

Definição:

Perseverança é a habilidade inata de suportar momentos duros e difíceis. É a persistência na fé, independentemente dos desafios que possam ser encontrados.

Escrituras:

Gálatas 6:9, NVI *"E não nos cansemos de fazer o bem, pois no tempo próprio colheremos, se não desanimarmos."*

Hebreus 12:1, NVI *"Portanto, também nós, uma vez que estamos rodeados por tão grande nuvem de testemunhas, livremo-nos de tudo o que nos atrapalha e do pecado que nos envolve e corramos com perseverança a corrida que nos é proposta."*

Romanos 8:25, NVI; Tiago 1:2-4,12, NVI; 1 Timóteo 4:15-16, NVI; Hebreus 10:16-36

Característica Explicada:

Perseverança é a atitude determinada do coração a suportar, persistir e seguir em frente seja qual for a dificuldade da situação em que nos encontremos. Perseverança requer garra, determinação incessante, empenho, persistência e, às vezes até teimosia para não desistir ou abandonar o que defendemos ou acreditamos. A perseverança está intimamente ligada à nossa capacidade de resistir a situações desafiadoras e de teste. Ela também está ligada à nossa capacidade de defender aquilo em que acreditamos, independentemente dos ataques que possam ser lançados contra nós. Um dos valores mais admiráveis que os crentes em Cristo demonstram é sua capacidade de permanecer no curso, independentemente das circunstâncias às vezes desafiadoras e desfavoráveis que encontram ou enfrentam.

Aplicação Prática:

O que precisamos perguntar a nós mesmos é:

1. Até que ponto estou firme em minha fé?
2. O que eu estou disposto a fazer para não desistir?

Perseverança é tomar previamente a decisão de fazer o que for preciso para defendermos a nossa fé. É tomarmos uma posição firme e forte a favor dos nossos valores. Perseverança é exercer a fé e a esperança em nossos desafios diários. Os cristãos perseveram para que possam receber sua prometida recompensa. Pense em uma situação desafiadora que você esteja enfrentando no momento e que pense ser impossível obter um resultado satisfatório ou um avanço. Bem, uma vez que sua fé estiver em teste, decida não perder a esperança de que aquilo que Deus prometeu em Sua Palavra, acontecerá.

4

HONRA

Definição:

Demonstrar honra é ser respeitoso nos gestos, nas palavras e no comportamento. Ser respeitoso é dar honra, reverência e deferência para aqueles a quem honramos.

Escrituras:

João 5:23, NVI *"Para que todos honrem o Filho como honram o Pai. Aquele que não honra o Filho, também não honra o Pai que O enviou."*

Mateus 15:4, NVI *"Pois Deus disse: 'Honra teu pai e tua mãe e 'Quem amaldiçoar seu pai ou sua mãe terá que ser executado."*

Romanos 13:1-7, NVI; 1 Timóteo 6:1, NVI; 1 Pedro, NVI; Levíticos 19:32, NVI, 1 Tessalonicenses 5:12-13, NVI; Efésios 6:1-3, NVI; Provérbios 3:9, NVI; Isaías 29:13, NVI

Característica Explicada:

Honramos quando mostramos respeito. Pode ser respeito demonstrado a Deus, a Suas Palavras, a Seus servos, a idosos, aos nossos pais, às pessoas em cargos governamentais oficiais, aos professores e aos bens terrenos que nos foram confiados. Honramos quando nos submetemos, respeitamos e damos o devido valor a pessoas ou mesmo a coisas. Abraçar este valor do Reino significa que mostramos respeito por Deus quando cuidamos de tudo o que temos, já que consideramos que são dádivas e privilégios de Deus. Honramos quando damos crédito, prestamos homenagem e mostramos admiração. Honramos quando agimos por princípio, nos apresentamos com nobreza e nos orgulhamos de onde vivemos e de como nos comportamos com os outros. O fato é que todos nós gostamos de ter pessoas em nossas vidas que se orgulham do que fazemos ou do que alcançamos. Desta forma, nos sentimos honrados. Honramos quando tratamos as pessoas como se fosse um privilégio para nós estarmos associados a elas, e temos prazer de estar em sua companhia.

Aplicação Prática:

Honramos a Deus quando Lhe damos crédito por tudo o que Ele faz em nossas vidas. Honre a Deus! Honre a Deus, não só com os seus lábios, mas também com o seu coração. Uma das maneiras de honrarmos a Deus é devolvendo a Ele um décimo de toda a nossa renda. Honre a Deus com os seus dízimos! Honramos a Deus quando defendemos os líderes do país em que vivemos, orando por eles e submetendo-nos à sua autoridade. Honramos a Deus honrando os líderes do governo! Honre os líderes do governo! Honre aqueles que estão acima de você no Senhor. Mostre-lhes o maior respeito, por causa do Senhor. Honre seus líderes espirituais! Honrem uns aos outros sendo respeitosos. Sejam respeitosos! A honra sempre o levará à presença daqueles em posição de alta autoridade e liderança. Mantenha-se nos caminhos da honra e isso o colocará em boa situação junto àqueles que ocupam altos cargos. Nunca se torne íntimo demais.

5
SUBMISSÃO

Definição:

A submissão é a autodeterminação de sujeição à vontade de outro. Para nós, como crentes, é principalmente submeter-nos, através do pensamento, das palavras e das ações, à vontade e à Palavra de Deus.

Escrituras:

Hebreus 5:7-9, NVI *"Durante os Seus dias de vida na terra, Jesus ofereceu orações e súplicas, em alta voz e com lágrimas, Àquele que O podia salvar da morte, sendo ouvido por causa da Sua reverente submissão. Embora sendo Filho, Ele aprendeu a obedecer por meio daquilo que sofreu; e, uma vez aperfeiçoado, tornou-se a fonte da salvação eterna para todos os que Lhe obedecem."*

Hebreus 13:17, NVI *"Obedeçam aos seus líderes e submetam-se à* *autoridade deles. Eles cuidam de vocês como quem deve prestar contas. Obedeçam-lhes, para que o trabalho deles seja uma alegria, não um peso, pois isso não seria proveitoso para vocês."*

Romanos 13:1, NVI; Romanos 13:5, NVI; Tiago 4:7, NVI; Tiago 4:9, NVI; Provérbios 3:5-6, NVI; 1 Pedro 5:5-6, NVI

Característica Explicada:

Para nós, cristãos, submissão é obedecer a Deus, a Seu Filho, a Sua Palavra, a Sua Vontade, a Seu Santo Espírito, Seus líderes e Sua orientação. Submeter-se requer humildade, obediência e vontade de seguir. A submissão e a obediência poderiam ser usadas quase que sem distinção dentro do contexto do sistema de valores do Reino de Deus. Obedecer a tudo o que o Senhor nos ensinou exige obediência e submissão. Existe também uma estreita relação com o valor da humildade. A submissão exige que consideremos a vontade de Deus acima da nossa. A submissão exige fidelidade à Bíblia, ao Espírito Santo, assim como aqueles que Deus colocou sobre nós na Igreja.

Aplicação Prática:

A pergunta é:

Até que ponto sou submisso à vontade de Deus?

Uma maneira de desenvolvermos o valor da submissão em nossas vidas é, naturalmente, orando e meditando sobre isso, especialmente quando fazemos a oração do "**Pai Nosso**". Nela, Jesus nos ensinou a orar: "**Seja feita a Tua vontade, assim na terra como no céu**". A submissão começa com submetermos à vontade e ao propósito de Deus em nossas vidas. Nenhuma submissão é verdadeiramente possível se não estiver enraizada em nossa humilde submissão a Deus, no entanto, se realmente nos submetermos a Deus, então todos os outros requisitos de submissão não serão vistos como leis cristãs exageradas e legalistas, mas algo que queremos honrar por causa do nosso amor ao Senhor. Ore pelo governo de sua nação. Ore pelos líderes que Deus colocou sobre você, no trabalho, na faculdade e em sua Igreja, e ao orar por eles, também prometa lealdade à autoridade deles sobre você.

PARTE III

TESTE DE ASSIMILAÇÃO

Disciplina Espiritual: Testemunho

1. Jesus ensinou a Seus discípulos sobre o **testemunho**? _____SIM_____
   Em caso afirmativo, cite os versículos que apoiam a sua resposta.
   Mateus 5:13-16, Mateus 28:18-20 e Marcos 16:15-16 _____
   _____
   _____

2. Complete os espaços vazios:
   Testemunhar requer compromisso tanto com ser _____ como com ser _____.

3. Complete a frase:
   Testemunhar requer compromisso com "pregar" e _____.

. . .

4. O Evangelho é captado por Paulo em qual versículo? Esboce os três pontos principais desses versículos.

1 Coríntios 15:1-8: 1. Cristo morreu por nossos pecados, 2. Cristo ressuscitou dos mortos e 3. Cristo voltará e nós reviveremos por meio da ressurreição dos mortos.

Valores do Reino de Deus

4. Por que a *vigilância* é tão valorizada no Reino?

5. Como podemos ter mais *perseverança*?

6. O que significa *honrar*?

7. O que significa ser *submisso*?

8. Como podemos exemplificar *a submissão*?

CONSIDERAÇÕES FINAIS

Obediência

Concluindo a segunda fase da jornada de discipulado, vamos reconsiderar alguns pontos essenciais.

Jesus nos ordenou que obedecêssemos!

Em primeiro lugar, Jesus ensinou a Seus discípulos **a disciplina espiritual da obediência.** Parte do processo de discipulado é ensinar aos nossos discípulos a *obedecerem a tudo* o que Jesus nos ensinou.

> **Mateus 28:20, ARC** *"Ensinando-os a guardar todas as coisas que Eu vos tenho mandado; e eis que Eu estou convosco todos os dias até à consumação dos séculos. Amém!"*

> **Mateus 28:20, NBV-P** *"E ensinando esses novos discípulos a obedecerem a todas as ordens que Eu lhes dei. E tenham certeza disto: Eu estarei sempre com vocês, até o fim dos tempos".*

Jesus foi exemplo de obediência

Jesus praticou e foi um exemplo de obediência até a morte. Nossas disciplinas não são apenas para uma determinada época ou para um evento específico, mas sim uma aptidão interior de disciplina para toda a vida.

> **Filipenses 2:8, ARC** *"E, achando-se na forma de homem, humilhou-se a Si mesmo, sendo obediente até a morte e morte de cruz."*

> **Jesus foi obediente até a morte. Ele nos chama a seguir Seus passos**

> **João 14:23-24, NVI** *"Respondeu Jesus: 'Se alguém Me ama, obedecerá à Minha palavra. Meu Pai o amará, Nós viremos a ele e faremos morada nele. Aquele que não Me ama, não obedece às Minhas palavras. Estas palavras que vocês estão ouvindo não são minhas; são de Meu Pai que Me enviou."*

Jesus aprendeu a obediência através de Seu sofrimento. Disciplinar-nos diariamente em relação à submissão e obediência à Palavra, à vontade e ao propósito de Deus, certamente nos trará grandes favores e bênçãos sobre nossas vidas. Esta é a promessa que Deus nos deu em Deuteronômio 28, versículos 1-13, para quem oferecer total submissão e obediência.

> **Josué e Calebe tiverem fé para obedecer e venceram.**

Josué e Calebe tiveram fé para obedecer e, consequentemente, entraram na Terra Prometida.

> **Hebreus 4:2, NVI** *"Pois as boas-novas foram pregadas também a nós, tanto quanto a eles; mas a mensagem que eles ouviram de nada lhes valeu, pois não foi acompanhada de fé por aqueles que a ouviram."*

Quando combinarmos nossa fé em Deus com nossa obediência a Ele, também entraremos em nossa terra prometida.

Fé para Obedecer

É preciso fé para obedecer, e a fé se expressa pela maneira como obedecemos.

Maturidade Espiritual

Se colocarmos em prática o que estudamos e obedecermos a Deus, chegaremos à maturidade espiritual. Nenhuma maturidade espiritual será possível se não praticarmos e vivermos os valores e as disciplinas ensinadas nesta viagem de discipulado através dos ensinamentos de Jesus e da Bíblia.

> **Hebreus 5:14, NVI** *"Mas o alimento sólido é para os adultos, os quais, pelo exercício constante, tornaram-se aptos para discernir tanto o bem quanto o mal."*

> **Hebreus 5:12-14, AMPC (tradução livre)** *"Porque, mesmo que pelo tempo vós devêsseis já ser mestres, ainda necessitais de alguém que vos torne a ensinar os princípios rudimentares da Palavra de Deus. Viestes a precisar de leite, não de alimentos sólidos. Pois todo aquele que ainda se alimenta de leite é obviamente inexperiente e não tem qualquer habilidade com a doutrina da justiça (em conformidade com a vontade divina em propósito, pensamento e ação), pois é apenas uma criança [ainda não consegue sequer falar]! Mas o alimento sólido é para adultos, para aqueles cujos sentidos e faculdades mentais são treinados pela prática em diferenciar e distinguir entre o que é moralmente bom e nobre e o que é mau e contrário à lei divina ou humana."*

Quando olhamos para esta porção da Palavra de Deus, vemos

uma série de verdades essenciais que nos conduzirão à maturidade espiritual.

1. Precisamos de alguém que nos ensine.

> **Hebreus 5:12, AMPC (tradução livre)** "*Porque, mesmo que pelo tempo vós devêsseis já ser mestres, ainda necessitais de alguém que vos torne a ensinar os princípios rudimentares da Palavra de Deus. Viestes a precisar de leite, não de alimentos sólidos*".

Em primeiro lugar, **todos nós precisamos**, como você ao passar por este curso, de **alguém que nos ensine as verdades elementares** da Palavra de Deus. Nesta parte, o autor de Hebreus fala em tom de crítica ao se dirigir aos crentes que já deveriam ser maduros, e professores da verdade; no entanto, porque "**se tornaram negligentes em ouvir [espiritualmente] e preguiçosos [mesmo preguiçosos em alcançar o discernimento espiritual**", precisavam ser ensinados novamente. Que possamos aprender e **praticar** aquilo que aprendemos em nossas vidas.

2. Nossa maturidade espiritual vem por meio de nossa conformidade com a vontade de Deus.

> **Hebreus 5:13, AMPC (tradução livre)** "*Pois todo aquele que ainda se alimenta de leite é obviamente inexperiente e não tem qualquer habilidade com a doutrina da justiça (em conformidade com a vontade divina em propósito, pensamento e ação), pois é apenas uma criança [ainda não consegue sequer falar]!*"

Em segundo lugar, aprendemos que o amadurecimento requer que sejamos experientes e habilidosos na *doutrina da justiça*, o que significa que devemos estar *em conformidade com a vontade divina em propósito, pensamento e ação*. Quero encorajá-los a tomar uma decisão sincera, em conformidade com a vontade de Deus.

Conformar-se significa imitar, seguir e obedecer. Que obedeçamos, sigamos e imitemos o exemplo que nos foi dado por nosso Senhor e Salvador Jesus Cristo. Eu amo o trecho da Bíblia Amplificada que diz: *em conformidade com a vontade divina em propósito, pensamento e ação*. A maturidade vem para aqueles que constroem valores espirituais e disciplina em suas vidas propositadamente, tanto em seus pensamentos como em suas ações.

3. A maturidade espiritual vem com a prática e o treinamento para diferenciar e distinguir.

> **Hebreus 5:14, AMPC (tradução livre)** *"Mas o alimento sólido é para adultos, para aqueles cujos sentidos e faculdades mentais são treinados pela prática em diferenciar e distinguir entre o que é moralmente bom e nobre e o que é mau e contrário à lei divina ou humana."*

Em terceiro lugar, vemos que a maturidade espiritual vem pela prática e treinamento de nossos *sentidos e faculdades mentais*, em *diferenciar e distinguir* entre o que é *moralmente bom e nobre*. Para nós, é o nosso desejo de agradar ao Senhor em tudo. O que a Bíblia nos ensina é que precisamos exercitar nossos sentidos e faculdades mentais para buscar a maturidade espiritual. Permita que o Espírito Santo fale e tenha liberdade de se desenvolver e trabalhar em você. Ao tomar esses ensinamentos do Senhor Jesus e da Bíblia e aplicá-los como um padrão pelo qual distinguimos e avaliamos nossas intenções, ações e práticas, nós nos tornaremos pessoas adultas e maduras em Cristo.

Uma das coisas que distinguia os discípulos das demais pessoas era que podia-se ver em suas ações que eles estavam com Jesus.

> **Atos 4:13, NVI** *"Vendo a coragem de Pedro e de João e percebendo que eram homens comuns e sem instrução, ficaram admirados e reconheceram que eles haviam estado com Jesus."*

"Quando as pessoas olham para nossa coragem, nossos valores, nossa disciplina, devem reconhecer que somos crentes e seguidores de Jesus."
Hendrik J. Vorster

Conclusão sobre as Disciplinas e Valores Espirituais

Há muitas disciplinas espirituais para explorarmos e assimilarmos em nossas vidas diárias. As disciplinas espirituais do jejum, oração, mordomia, simplicidade, serviço, estudo e meditação da Palavra de Deus, são algumas das disciplinas mais valorizadas para observarmos, no entanto, nenhuma delas é possível sem um compromisso de obedecer ao Senhor de coração. Você pode ler mais sobre isso em meus Livros: **Valores do Reino de Deus**, e **Disciplinas Espirituais do Reino de Deus**. As disciplinas espirituais manterão o fogo de Deus aceso dentro de você.

Disciplinas e valores espirituais constituem nossa inteligência emocional, e especialistas dizem consistir em um conjunto de quatro habilidades que podemos aprender e desenvolver. Não é nenhuma maravilha mística ou talento, e se você se comprometer a desenvolvê-las, funcionarão de forma transformadora!

1. Desenvolver autoconhecimento.
2. Desenvolver autocontrole.
3. Desenvolver consciência do outro.
4. Construir e manter relacionamentos.

A maioria das pessoas inadvertidamente não desenvolve ou não constrói tais valores e disciplinas em seu caráter ou em sua vida social. Eu oro para que você veja o valor de desenvolver e construir essas disciplinas e valores em sua vida, e que também desfrute dos frutos de um caráter bem desenvolvido e que honre a Deus.
Shalom!

OUTROS LIVROS DE AUTORIA DO DR. HENDRIK J VORSTER

Plantação de Igreja - Dr Hendrik J Vorster

Plantação de igrejas - Como plantar uma igreja dinâmica e discipulada

Por Dr Hendrik J Vorster

Este é um manual para aqueles que desejam plantar uma igreja discipulada. Este livro explora todos os aspectos da plantação de igrejas, e é amplamente utilizado em mais de 70 Nações em 6 Continentes.

Aqui está uma lista das áreas que são exploradas:

1. O desafio de plantar Novas Igrejas
2. Fases da Plantação de Igrejas
3. Primeira Fase da Plantação de Igrejas - A Chamada, Visão e Fase de preparação
4. O Chamado à Plantação de Igrejas
5. Doze Características de Líderes de Plantação de Igrejas

6. Terminologia de Plantação de Igrejas
7. Segunda Fase da Plantação de Igrejas - Discipulado
8. O Processo de Discipulado
9. Fase Três de Plantação de Igrejas - Congregação dos Grupos de Discipulado
10. Compreender as Finanças da Plantação de Igrejas
11. Compreender o pessoal da Igreja
12. Fase Quatro de Plantação de Igrejas - Desenvolvimento do Ministério e Fase de Lançamento da Igreja
13. Sistemas de compreensão e implementação
14. Fase Cinco de Plantação de Igrejas - Multiplicação
15. Compreender os desafios na Plantação de Igrejas 16. Como ter sucesso na Plantação de Igrejas
17. Como plantar uma igreja doméstica

Apostilas e Vídeo Ensinamentos estão disponíveis,para compra, de www.discipleshipcourses.com, nosso site:

Plantação de Igrejas Livro De Trabalho - Dr Hendrik J Vorster

www.churchplantinginstitute.com - ou em www.amazon.com

Valores do Reino de Deus - Dr Hendrik J Vorster

Valores do Reino de Deus

Por Dr. Hendrik J Vorster

Todos desejam ser conhecidos como um agradável estar por perto com o tipo de pessoa. Este livro ajuda-o a desenvolver valores para um carácter tão piedoso. Este livro explora 52 Valores do Reino de Deus.

Estes Livros estão disponíveis em: www.churchplantinginstitute.com ou em www.amazon.com

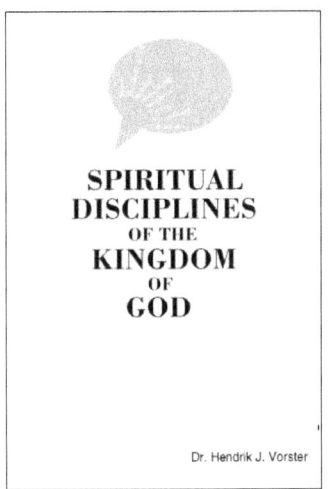

Disciplinas Espirituais do Reino de Deus - Dr Hendrik J Vorster

Disciplinas Espirituais do Reino de Deus

Por Dr. Hendrik J Vorster

Todo o crente deseja ser um ramo produtor de fruta no quintal do nosso Senhor. Desenvolver disciplinas espirituais é desenvolver raízes espirituais das quais a nossa fé pode tirar seiva para cultivar ramos fortes e frutíferos. Este Livro explora Nove Disciplinas Espirituais do Reino de Deus.

Estes Livros estão disponíveis em: www.churchplantinginstitute.com ou em www.amazon.com

Primeiro passo - Os Ensinamentos Fundamentais de Cristo - Dr Hendrik J Vorster

**Série Fundamentos do Discipulado
Primeiro Passo - O Ensinamento Fundamental de Cristo**

Por Dr. Hendrik J Vorster

Este Curso explora o "Como nascer de novo" e para estabelecer uma base sólida para a vossa fé em Jesus Cristo.

É baseado no capítulo 6: 1 & 2 de Hebreus, e explora:

- Arrependimento de obras mortas,
- Fé em Deus,
- Baptismos,
- Imposição de mãos,
- Ressurreição dos mortos,
- Julgamento Eterno.

Os Manuais e materiais de ensino em vídeo estão disponíveis para compra, a partir de www.discipleshipcourses.com o nosso website: www.churchplantinginstitute.com ou em www.amazon.com

Segundo passo - Valores e Disciplinas Espirituais Manual do Discípulo - Dr Hendrik J Vorster

Série Fundamentos do Discipulado
Segundo Passo - Valores e Disciplinas Espirituais

Por Dr. Hendrik J Vorster

Este Curso explora o "Como" desenvolver disciplinas espirituais, assim como 52 Valores que Jesus ensinou. Baseia-se nos ensinamentos de Jesus aos seus Discípulos, e explora:

Disciplinas Espirituais

As disciplinas que exploramos são: Leitura, meditação da Palavra de Deus, Oração, Mordomia, Jejum, Servilismo, Simplicidade, Adoração, e Testemunhar.

Valores do Reino de Deus

Humildade, Luto, Mansidão, Paixão Espiritual, Misericórdia, Pureza, Pacificador, Resistência Paciente, Exemplo, Guardião, Reconciliador, Resolução, Amor, Discrição, Perdão, Investidor do Reino de Deus, Mente de Deus, Prioritário do Reino de Deus, Introspectivo, Persistente, Atencioso, Conservador, Fruteiro, Praticante, Responsabilização, Fidelidade, Desconfiança, Unidade, Servidão, Lealdade, Gratidão, Mordomia, Obediência, Cuidado, Compaixão, Cuidado, Confiança, Firmeza, Consentimento, Ensinável, Deferência, Diligência, Confiança, Gentileza, Discernimento, Verdade, Generosidade, Bondade, Vigilância, Perseverança, Honra e Submissividade.

Os Manuais e Materiais de Ensino em Vídeo estão disponíveis para compra, a partir de www.discipleshipcourses.com o nosso website: www. churchplantinginstitute.com ou em www.amazon.com

Série Fundamentos do Discipulado
Passo Três - Desenvolver o Dom E as Competéncias

Por Dr. Hendrik J Vorster

Passo Três - Desenvolver Presentes e Habilidades - Dr Hendrik J Vorster

Este curso é realizado através de **cinco encontros de fim-de-semana.** Estes encontros de fim-de-semana foram concebidos para ajudar os Discípulos a descobrir os seus dons espirituais, bem como para aprender a usar os seus dons, e a servir o Senhor para a extensão do Seu Reino. Os Encontros de fim-de-semana são:

Encontro de Descoberta de Presentes

Aprendemos sobre presentes do Gabinete Ministerial, presentes de serviço, e presentes espirituais sobrenaturais. Descobrimos os nossos, e depois aprendemos como os podemos utilizar para construir a Igreja local.

Levantamento do Encontro Bíblico de Fim-de-Semana

Durante este fim-de-semana fazemos um levantamento da Bíblia, desde o Génesis até ao Apocalipse. Aprendemos também sobre a História da Bíblia, bem como como podemos fazer a maior parte do nosso tempo na Palavra.

Partilhando o seu Encontro de Fim-de-Semana de Fé

Durante este fim-de-semana, aprendemos sobre a mensagem do Evangelho, **e como partilhar eficazmente a nossa fé.**

Encontro de fim-de-semana de superação

Durante este fim-de-semana lidamos com aqueles cardos e espinhos que sufocam o crescimento e colheita da boa semente semeada nas nossas vidas. Abordamos Como superar o medo, o imperdoável, a luxúria e os cuidados do mundo com fé e obediência.

Encontro de Fim-de-Semana de Líderes Pastores

Durante este encontro de fim-de-semana aprendemos sobre ser um Bom Pastor, e como melhor discípulo num pequeno grupo.

Manuais e Vídeo Ensinamentos estão disponíveis.

Quarto passo - Frutuosos - Dr Hendrik J Vorster

**Série Fundamentos do Discipulado
Quarto passo - Frutuosidade**

Por Dr. Hendrik J Vorster

Fomos salvos para servir. Este curso foi concebido para mobilizar os Crentes, desde os Aprendizes aos Praticantes. Estas sessões foram preparadas para uso individual, com aqueles que estão a dar frutos, e que querem produzir mais frutos. O desenvolvimento destas áreas de forma sustentada e sistemática garantirá tanto a frutificação como a multiplicação. A atenção a estas áreas irá assegurar que produzam frutos duradouros.

Exploramos:
1. Introdução.
2. Caminhando com propósito.
3. Construir relações de propósito. Encontrar Homens dignos de valor
4. Sacerdócio. Rezar eficazmente por aqueles que lhe são confiados. 5. Cuidar compassivamente.
6. Caminhando dignamente.
7. Caminhando no Espírito.
8. Praticar a hospitalidade.

Os Manuais e Materiais de Ensino em Vídeo estão disponíveis para compra, a partir de www.discipleshipcourses.com o nosso website: www. churchplantinginstitute.com ou em www.amazon.com

Série Fundamentos do Discipulado
Passo Cinco - Multiplicação

Por Dr Hendrik J Vorster

Passo Cinco - Multiplicação - Dr. Hendrik J Vorster

Este curso foi concebido para ajudar os discípulos para ser frutuoso e viver uma vida que encorajará uma vida de fecundidade. Também dará aos nossos discípulos competências e orientações para navegar pelos seus discípulos através de épocas de desafio e crescimento. Este curso está recheado de princípios de Liderança que avançam. Quanto mais estas áreas forem abordadas e encorajadas, tanto mais experimentaremos crescimento e multiplicação.

Exploramos:

1. Visão e sonhos.
2. Estabelecer objectivos divinos.
3. Desenvolvimento do carácter
4. Desenvolvimento de dones- Impartação e Activação
5. A fecundidade vem através de um desafio constante.
6. Relacionamentos - Família, Crianças e Amigos
7. O poder do encorajamento
8. Finanças - Finanças pessoais e do Ministério
9. Lidar com contratempos
   - Como lidar com o fracasso?
   - Como lidar com a traição?
   - Como lidar com a rejeição?
   - Como lidar com os julgamentos?

- Como lidar com o desânimo?
10. Recompensas eternas

Manuais e Vídeo Ensinamentos estão disponíveis.

Série Desenvolvendo Presentes e Habilidades

Por Dr Hendrik J Vorster

Série Desenvolvendo Presentes e Habilidades - Dr Hendrik J Vorster

Esta série de cinco livros e um Manual do Professor foram desenvolvidos como um instrumento de formação para pastores, para equipar os seus membros para o trabalho do ministério. Pode ser oferecido como cinco encontros de fim-de-semana ou 23 sessões semanais. Foi concebido para ajudar os membros a descobrir os seus dons espirituais, bem como para aprender a utilizar esses dons. Oferece uma base bíblica sólida e também se concentra no ministério pessoal e restauração, mobilizando pessoas para servir o Senhor para a extensão do Seu Reino.

Encontro de Presentes Espirituais

Durante este curso, aprenderemos sobre Presentes de Gabinete Ministerial, Presentes de Serviço, e Presentes Espirituais Sobrenaturais. Descubra os seus próprios, e aprenda a usá-los para construir a igreja local.

Pesquisa sobre a Bíblia

Durante este curso, exploramos a Bíblia desde o Génesis até ao Apocalipse. Aprenda sobre a História da Bíblia, bem como como optimizar o tempo que passamos na Palavra.

Como Partilhar a Sua Fé

Cada crente é chamado a partilhar a sua fé em Jesus Cristo. Durante este curso, aprenderemos a mensagem do Evangelho, e como partilhar eficazmente a nossa fé.

Lidar com os bastiões

Durante este curso, iremos explorar como lidar com aqueles

cardos e espinhos que sufocam o crescimento e colheita da boa semente semeada nas nossas vidas. Aprenderemos a superar o medo, o imperdoável, a luxúria e os cuidados do mundo com fé e obediência.

Líderes mentores

As pessoas vêm ao Senhor por causa do nosso testemunho, porque vêem a mudança que Deus trouxe nas nossas vidas. Durante este curso, aprenderemos a caminhar com aqueles que vêm a Cristo. Uma das coisas que aprenderemos é como nos tornarmos um bom pastor, como Jesus, e como melhor discipular as pessoas num pequeno grupo.

Série da Fundação Discipulado em Vídeo

Ensino do Dr. Vorster via Vídeo

185 Videoconferências estão disponíveis para cada uma das Sessões ensinadas ao longo destes Cursos de Discipulado.

Temos Cinco, completamente gravados, Cursos de Discipulado disponíveis em Vídeo em www.discipleshipcourses.com

- **Passo Um - Salvação** (Este **curso de 7 semanas** ajuda o novo crente a estabelecer, e a construir uma Fundação sólida para que a sua fé possa ser construída). Este curso está disponível, **sem custos,** mediante inscrição gratuita.
- **Segundo passo - Valores e Disciplinas Espirituais** (Este **Curso de 9 semanas** ajuda o jovem crente a baixar as Raízes Espirituais, estabelecendo disciplinas espirituais, e aprendendo os valores do Reino de Deus).
- **Terceiro passo - Desenvolver Presentes e Habilidades** (Este Curso é normalmente apresentado durante **5 Encontros de Fim-de-Semana,** ou durante um **período de 23 semanas.** Exploramos os **Dons Espirituais** e Como utilizá-los para construir a Igreja local. **Exploramos a**

Bíblia, e as suas origens, durante uma parte para assegurar que construímos as nossas vidas com base no Manual da Bíblia. Aprendemos também como partilhar a nossa fé. Aprendemos como lidar com os redutos que nos podem impedir de cumprir o propósito de Deus. E, finalmente, aprendemos **como melhor Mentorar** aqueles a quem conduzimos a Cristo).

- **Quarto passo** - Disciplinar os **Produtores de Frutos** (Durante este **curso de 8 semanas** aprendemos Como ensinar aos nossos Discípulos os princípios que irão desenvolver, e manter, a fecundidade).
- **Passo Cinco - Multiplicação** (Durante este **Curso de 11 semanas** aprendemos **Como Mentorar os nossos Líderes** para liderar os produtores de fruta fortes e saudáveis)

O registo gratuito para acesso a estes recursos de Vídeo está disponível em www.dicipleshipcourses.com

Vídeos de formação sobre plantação de igrejas

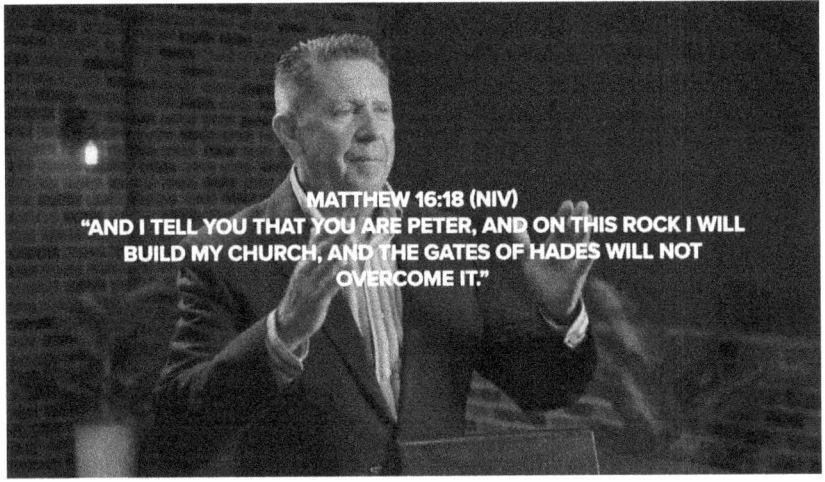

Ensino do Dr. Vorster via Vídeo

42 Videoconferências estão disponíveis neste **Curso de Plantação de Igrejas.**

- Introdução à Plantação de Igrejas
- Porquê plantar Novas Igrejas?
- Fases da Plantação de Igrejas Visão Geral
- Fase 1 - Fase de preparação
- Fase 2 - Fase de Construção de Equipas
- Fase 3 - Fase de pré-lançamento
- Fase 4 - Fase de Lançamento
- Fase 5 - Fase de Multiplicação
- Ensaios de plantação de igrejas
- Próximos Passos

A inscrição gratuita está disponível em www.discipleshipcourses.com

Estão disponíveis sessões de Coaching Avançado para aqueles que se inscreveram no Programa de Formação de Mestres.

NOTAS

Introdução

Wilson Todd, Sonhe Alto (Dream Big), p. 29, iBooks
　Wilson Todd, Sonhe Alto (Dream Big), p. 29, iBooks
　Ralph W. Neighbour Jr., Treinamento Básico para a Vida (Life Basic Training), contracapa, Touch Publications

Ler, Meditar e Praticar a Palavra de Deus

1. Miller & Huber, Stephen & Robert (2003). – *A Bíblia: o fazer e o impacto sobre a Bíblia uma história*. A Inglaterra: Lion Hudson. p. 21. ISBN 0-7459-5176-7.
2. https://en.wikipedia.org/wiki/Nevi%27im
3. Neusner, Jacob – A Lei do Talmud, Teologia, Narrativa: Um livro de referência. University Press of America, 2005
4. Coogan, Michael D.– Uma breve introdução ao Antigo Testamento: a Bíblia hebraica em seu Contexto. Oxford University Press. 2009; p. 5

5. Coogan, Michael D.– Uma breve introdução ao Antigo Testamento: a Bíblia hebraica em seu Contexto. Oxford University Press. 2009; p. 5
6. Do Que se Trata a Bíblia Edição Ilustrada, Henrietta C. Mears – Gospel Light Publications, 2007. pp. 438–39
7. Bart D. Ehrman (1997). O Novo Testamento: Uma Introdução Histórica aos Primeiros Escritos Cristãos. Oxford University Press. p. 8. ISBN 978-0-19-508481-8.
8. Saint Justin Martyr, Encyclopædia Britannica, Inc., p. 8.

Testemunho

1. https://www.beliefnet.com/faiths/christianity/galleries/7-reasons-christians-dont-share-their-faith.

2. https://en.wikipedia.org/wiki/Apostles%27_Creed

"E, achando-se na forma de homem, humilhou-se a Si mesmo, sendo obediente até a morte e morte de cruz."

NOTES

3. Pesar

1. Tradução livre

www.ingramcontent.com/pod-product-compliance
Lightning Source LLC
Chambersburg PA
CBHW071109160426
43196CB00013B/2513